検証・新しいセーフティネット

――生活困窮者自立支援制度と埼玉県アスポート事業の挑戦

駒村康平
田中聡一郎 編

公刊に寄せて

このたび、慶應義塾大学の駒村康平先生をはじめとする皆様の研究の成果が実を結ぶ形で、『検証・新しいセーフティネット――生活困窮者自立支援制度と埼玉県アスポート事業の挑戦』が出版の運びとなりましたことを心からお祝い申し上げます。

生活困窮者自立支援法が施行されて4年が経過しようとしていますが、この節目に、生活困窮者自立支援の実証分析を行った本書の出版は非常に意義深いものです。

さて、埼玉県は、2010年9月にアスポート事業を開始しました。

これは、「リーマンショック」という世界的金融危機の影響により、日本の景気が後退し、「リストラ」や「派遣切り」に遭い、失業者が増加したことを受けてのものでした。当時は、新たな職を探しても見つからず、路頭に迷う人々が急増し、結果的に、生活保護を受けざるをえない状況に追い込まれることもありました。

そこで、埼玉県は、生活保護受給者のニーズに応えるため、一対一で「就労」「住宅」「学習」の支援を行う体制づくりに着手いたしました。アスポートには、「明日への港（明日＋ポート）」と「明日へのサポート」という二つの意味があります。この事業では、一人ひとりをていねいに支援し、確実に自立に結び付けることをめざしました。

私は、失敗してもやり直しができる、いつでもどこでも何度でもチャンスがある、そういう社会が良い社会だと考えています。特に、生まれ育った環境によって、子どもたちの教育の機会や能力の発揮の場が制限されることがあってはなりません。子どもの未来が失われないように、貧困の連鎖を断ち切ることが、私たちの大きな責任です。

埼玉県が始めたアスポート事業は、その先進性、有効性が認められ、国を動かし、全国のモデルとなりました。

埼玉県では、本質を突いた施策を打ち出し、様々なことに挑戦しています。今年度は、貧困の連鎖解消に向けて、新たに、生活保護世帯等の小学生を対象とした学習教室「ジュニア・アスポート事業」を開始しました。

社会で生き抜いていくためには、学力だけでなく自己肯定感ややり抜く力などの非認知能力が重要だ、との研究報告があります。学力や非認知能力は小学校低学年から格差が生じていることから、貧困の連鎖を確実に断ち切るためには、早い段階からの取り組みが必要です。

この小学生向けの学習教室では、宿題や勉強を教えるだけでなく、生活習慣の形成や健康増進を支援するとともに、体験活動や食育にも取り組んで、子どもの学力と非認知能力を向上させていくことをめざしています。子どもたちが社会で生き抜く力を身につけ、活躍できる未来を創っていきたいと思っています。

努力はしたけれども、結果としてうまくいかなかった人たちも報われる社会にしなければなりません。誰もが明るい未来に向かって、前向きに、何度でも挑戦できる社会。生活困窮者自立支援制度が、そうした社会の構築に大きな役割を果たすことを期待しています。

二〇一九年三月　埼玉県知事　上田清司

もくじ

凡例（図表データについて）

○　各章の図表のデータの出所は、図表および本文に示している。

○　第3章～第5章には筆者が独自に再集計した、アスポート事業の業務データ（個人が特定されないよう秘匿化されている）の結果を掲載している。そのためデータ名を「埼玉県アスポート職業訓練支援員事業支援対象者データ」（就労支援）、「埼玉県アスポート住宅支援事業利用者データ」（住宅支援）、「支援状況データ」（学習支援）などとしている。

○　第5章には、筆者の独自アンケートとして「教育・生活アンケート（2010年度）」を掲載している。

装丁：山原 望

第1部

2000年代以降のセーフティネットの再編

第1章　生活保護制度と生活困窮者自立支援制度の改革動向

駒村康平

1．はじめに――生活困窮者自立支援の展開と本書の意図

新たな困窮問題への対応策の模索

現在の日本社会では、経済的な困窮状態である貧困だけではなく、社会的孤立などの新たな生活困窮が社会問題として注目されている。

1990年代のバブル崩壊以降、経済は低迷し、日本社会は大きく変化した。その結果、格差・貧困の拡大、家族や地域社会の機能低下、非正規労働者の増加、社会保障制度からこぼれおちる〝狭間〟の問題、社会保障改革による給付抑制といった様々な社会問題が顕在している。

従来、生活困窮世帯のうち貧困問題については、生活保護制度が担ってきた。生活保護制度は、まさに「最後のセーフティネット」として拡大する貧困問題を引き受け、「社会の殿《しんがり》」に位置してきた。しかし、所得格差、貧困、多様な困窮問題の拡大、財政赤字の拡大とそれに対

応するための社会保障給付の引き下げ、貧困問題に対しての冷ややかな世論などにより、生活保護制度にかかる負荷は高まっている。

戦後の生活保護受給者数は景気動向、年金など他の社会保障の充実、生活保護制度の運用によって変動してきた。高度経済成長期には、概して減少傾向であったが、バブル崩壊後の90年代半ばから増加に転じ、2008年のリーマンショック以降は、高齢者世帯でも母子世帯でも、障害者・傷病者世帯でもない、「その他の世帯」の受給者が急激に増加した。その後、日本社会の高齢化の影響も加わり、近年は過去最大の受給者数・世帯数を更新することもある。2017年11月時点の受給世帯数は約164万3千世帯と過去最大になり、給付額も約3・8兆円に接近している。

生活保護制度は、生活扶助の現金給付と医療扶助等の現物給付という主要な給付に加え、受給者の自立助長の役割も担う。しかし、そもそも生活保護制度は、生活保護を受給していない生活困窮者に対する支援や、引きこもり、社会的孤立などの多様な困窮問題を予防する機能を持っていない。こうした経済的困窮以外の問題は、生活保護制度をはじめとした従来型の社会保障制度では対応できないのである。

「新たな困窮問題」にどのように対応するか。その政策的議論は2000年、厚生労働省内(旧厚生省)での「社会的な援護を要する人々に対する社会福祉のあり方に関する検討会」から始まる。その報告書は困窮問題への最初の接近であり、社会的排除・社会的孤立といった用

表1　生活保護と生活困窮者対策の歩み（2000～2018年）

	生活保護	生活困窮者対策	政治・経済等
2000		社会的な援護を要する人々に対する社会福祉のあり方に関する検討会	
2004	生活保護制度の在り方に関する専門委員会		
2005	生活保護自立支援プログラムの実施		
2007	生活扶助基準に関する検討会		
2008			リーマンショック
2009		緊急人材育成支援事業の実施	民主党政権（9月～）
2011		求職者支援制度の導入	
2012			自公政権（12月～）
2013	生活保護法改正、生活保護基準部会	生活困窮者自立支援法の制定	子どもの貧困対策法の制定
2015	生活保護基準部会		
2017	生活保護基準部会		
2018	生活保護法改正	生活困窮者自立支援法改正	

注：生活扶助基準に関する検討会、生活保護基準部会は報告書公表の年次に置いている。

語を用いて、ホームレス問題や若年層の不安定問題、孤独死や自殺、社会的ストレスといった「新たな困窮問題」が幅広く存在していることを示した。

しかし、その後、年金、医療、介護などの大きな社会保障制度改革が続くなかで、「新たな困窮問題」への対応はしばらく表舞台から姿を消し、むしろ、生活保護受給者への自立支援プログラムが先行して実施されていった。

ところが２０００年代後半に入り、格差、貧困が拡大し、さらにワーキングプアや２００８年のリーマンショックとそれに伴い発生した、いわゆる「派遣切り」などにより、再び「新たな困窮問題」が注目されるようになった。

そして自公政権のもと、リーマンショックへの対応として、２００９年緊急人材育成支援事業を時限的に開始し、雇用保険が受給できない求職者を対象とした基金訓練と訓練期間中の生活保障のための給付や貸付制度を開始した。

続いて、2009年9月に民主党政権が発足すると、基金訓練は発展解消し、求職者支援制度がスタートした。さらには、雇用保険の給付が受けられない人々への総合支援資金の貸付や住宅を喪失する(あるいはおそれのある)人々への住宅支援給付などからなる第2のセーフティネットを拡充していった。また2012年には、社会保障審議会において「生活困窮者の生活支援の在り方に関する特別部会」(以下、特別部会)を設置し、新たな生活困窮者への支援策(生活支援戦略)の検討を始めた。[1] そして、生活保護制度の自立助長機能を高め、生活保護に至る前の生活支援策の導入を提言した報告書が発表された(発表時は自公政権)。

生活困窮者自立支援法という到達点

2012年12月、自民党、公明党が政権に復帰し、翌2013年には生活保護法の改正と生活困窮者自立支援法の制定が同時になされ、生活保護法(1950年制定)の大がかりな改正が行われた。一方、生活困窮者自立支援法の制定は、リーマンショック以降模索されてきた生活困窮者への支援策の一つの到達点であった。すなわち、生活困窮者自立支援法という新たな制度を創設し、生活保護制度との連携を図ることで、日本の社会保障制度は、新たな困窮問題に対してセーフティネットを再編成したことになる。

この生活困窮者自立支援制度(以下、生活困窮者制度と表記する)は、2015年4月よりスタートする。生活困窮者自立支援法自体は、全条文わずか23条であり、きわめてシンプルな法律体系となっている。それは多様な困窮問題を支援する各地域で対応できるように、包括的かつ柔軟性を持った仕組みが意図されたためである。

しかし、制度が実施されるなかで課題も生まれた。当初は、生活困窮者制度は多様な困窮を抱えた人々に対応するため、さらには生活保護制度と連携して、様々な困窮問題の解消や生活保護受給者の自立のために、自治体によって弾力的に活用されることが想定されていた。しかし、その法案審議の過程で、生活保護制度との役割分担の明確化が求められるようになり、その支援対象者を社会的排除や孤立のような多様な困窮に直面している家族や個人ではなく、「現に経済的困窮状態」にあり、かつ生活保護を受給していない者に限定する表現になった。これは生活困窮者制度を議論した特別部会での当初の構想とは異なるものであり、制度の性格、制度の活用、普及を左右する大きな課題とされた。

こうしたなか、2015年にスタートした生活困窮者制度は3年の実績を踏まえて、当初の予定通り「3年後の見直し」を行うこととなった。

見直しの方向性については社会保障審議会「生活困窮者自立支援及び生活保護部会」(以下、困窮者・生保部会)で議論され、2017年12月に報告書が発表されたが、これに基づく法律改正案は2018年の通常国会で審議され、2018年6月に国会において可決成立した。

本書の意図と構成

本書の目的は、2000年代に展開した生活困窮者支援の歩みと将来像を描くことである。4部構成となっており、第2部「データから見た生活困窮者像」で、埼玉県で実施されたアスポート事業の利用者実態とその成果を振り返る。アスポート事業は、厚生労働省によって導入された生活困窮者制度に大きな手がかりを与えたものとして広く知られている。アスポート事業の概要説明ならびに具体的実施例については、その実施主体である埼玉県福祉部社会福祉課による第2章に譲る。

アスポート事業は就労支援・住宅支援・(子どもの)学習支援という3つの柱立てから構成されており、生活困窮者制度の事業内容とも類似している。本書の執筆陣は、アスポート事業の利用者データを分析し、生活保護受給者や生活困窮者が抱えている問題を明らかにしている。すなわち「生活困窮」とはどのような実態にあるのかについて、データから迫る。

第3部「生活困窮者支援の歴史的経緯」では、生活困窮者自立支援法に至るまでの経緯を明らかにし、生活困窮者制度が持っている政策の可能性を検討する。生活困窮者制度は、生活保護自立支援プログラムや第2のセーフティネット、ホームレス自立支援、子どもの貧困対策などで実施されてきた様々な取り組みを吸収し、総合化した制度である。いわばこれまで実施されてきた困窮者支援の制度を束ねるような性格を持っており、それぞれの事業の成り立ちを知ることによって、生活困窮者制度の本来の性格を知ることができる。

第4部「生活困窮者支援の現状と将来」では、この制度の現状と将来像を検討する。生活困窮者自立支援制度の導入によって、一部の先進的自治体で実施されていた困窮者支援が全国的に図られることになった。しかし、地域ごとの社会資源の違いなどにより地域差が生じていることなども報告されている。そこで生活困窮者制度の現状を把握し、その課題を明らかにする。

なお、第2部、第3部の分析は、2018年の生活困窮者自立支援法改正以前の議論であり、主に経済的な困窮＝貧困への対応が、その分析の中心になっている。

2018年に生活困窮者自立支援法は改正された。その議論のベースになった「生活困窮者自立支援のあり方に関する論点整理」（2017年）、「社会保障審議会生活困窮者自立支援及び生活保護部会報告書」（2017年）を読み直し、審議の様子とともに振り返ることで、制度改正がめざす方向性を検討する。

議論に入る前に、次節では、本書の基礎知識となる生活困窮者制度・生活保護制度の概要や改革動向についてまとめておこう。

2．生活困窮者自立支援制度の改革動向

事業概要

生活困窮者自立支援制度は、生活保護に至る前の段階での自立支援強化を図り、また生活保護を脱却した者が再び受給することがないよう、各種の支援事業を実施することとなっている。

具体的に厚生労働省の説明に基づいて支援事業を見てみれば、まず必須事業として①自立相談支援事業、②住居確保給付金の支給がある。次に、任意事業として③就労準備支援事業、④一時生活支援事業、⑤家計相談支援事業、⑥子どもの学習支援事業などがある。また、都道府県知事等による認定就労訓練事業（いわゆる「中間的就労」）の認定も行われる。以下でさらに詳しく見ていく。

①自立相談支援事業では、生活困窮者が抱えている課題とニーズを把握し、自立支援計画を策定して、各種支援が包括的に実施されるよう関係機関と連絡調整を行う。

②住居確保給付金の支給では、離職等により住宅を失った、またはそのおそれのある者に対して、給付金を支給する（原則3カ月、就職活動を誠実に行っている場合は最長9カ月）。

③就労準備支援事業は、一般就労に従事するための基礎能力の形成を、日常生活自立、社会生活自立、就労自立という3段階で支援を行う（最長1年）。またそれでもなお一般就労が困

図1　生活困窮者自立支援制度の概要

包括的な相談支援

◆自立相談支援事業

〈対個人〉

- 訪問支援等（アウトリーチ）も含め、生活保護に至る前の段階から早期に支援
- 生活と就労に関する支援員を配置し、ワンストップ型の相談窓口により、情報とサービスの拠点として機能
- 一人ひとりの状況に応じ自立に向けた支援計画（自立支援計画）を作成

〈対地域〉

- 地域ネットワークの強化・社会資源の開発など地域づくりも担う

↓

本人の状況に応じた支援（※）……基本は、自立に向けた人的支援を包括的に提供

↓

居住確保支援

再就職のために、居住の確保が必要な者	**◆住居確保給付金の支給** 就職活動を支えるため家賃費用を有期で給付

就労支援

就労に向けた準備が必要な者	**◆就労準備支援事業** 一般就労に向けた日常生活自立・社会自立・就労自立のための訓練
	↓ なお一般就労が困難な者
柔軟な働き方を必要とする者	**◆認定就労訓練事業（いわゆる「中間的就労」）** 直ちに一般就労が困難な者に対する支援付きの就労の場の育成 （社会福祉法人等の自主事業について都道府県等が認定する制度）
就労に向けた準備が一定程度整っている者	**◇生活保護受給者等就労自立促進事業** 一般就労に向けた自治体とハローワークによる一体的な支援

緊急的な支援

緊急に衣食住の確保が必要な者	**◆一時生活支援事業** 住居喪失者に対し一定期間、衣食住等の日常生活に必要な支援を提供

家計再建支援

家計から生活再建を考える者	**◆家計相談支援事業** 家計の状況を「見える化」し、利用者の家計管理の意欲を引き出す相談支援（貸付のあっせん等も含む）

子ども支援

貧困の連鎖の防止	**◆子どもの学習支援事業** 生活保護世帯の子どもを含む生活困窮世帯の子どもに対する学習支援や居場所づくり、養育に関する保護者への助言

その他の支援

◇関係機関・他制度による支援
◇民生委員・自治会・ボランティアなどインフォーマルな支援

※上記は、法に規定する支援（◆）を中心に記載しているが、これ以外に様々な支援（◇）があることに留意

出所：厚生労働省（2015）「生活困窮者自立支援制度について（平成27年7月）」を改変
https://www.mhlw.go.jp/file/06-Seisakujouhou-12000000-Shakaiengokyoku-Shakai/2707seikatukonnkyuushajiritsusiennseidonituite.pdf

難である場合は、支援つきの就労の場の提供を行う中間的就労の場を設ける。

④一時生活支援事業は、各自治体のホームレス緊急一時宿泊事業やホームレス自立支援センターの運用を踏まえて、制度化したものであり、住居のない生活困窮者に宿泊場所と衣食の供与等を行う（原則3カ月、最長6カ月）。

⑤家計相談支援事業では、具体的には家計管理の支援や滞納（家賃、税金、公共料金）の解消や各種給付制度等の利用に向けた支援、債務整理の支援、貸付のあっせん等がなされる。

⑥子どもの学習支援等については、生活困窮世帯（生活保護受給世帯も含む）の子どもへの進学支援を行う。

改革動向①　制度の対象者の見直し

2017年の困窮者・生保部会での、3年後見直しの論点は多岐にわたっている。本章では生活困窮者制度全体の改革動向として、二点（①制度の対象者の見直し、②制度基盤の整備）を取り上げる。なお、各事業の見直しの方向性や審議会での論点、報告書の含意など、2018年改正の詳細については、第10章において解説する。

2015年度の生活困窮者制度発足後、「地方創生」などの動きを受け、「人口減少社会における行政機能の低下」と「地域社会の維持」という視点が政府内で共有、重視されるようになった。総務省は「地域運営組織」のような、買い物・通院支援、見守りなどの一部地域サービスを、互助の精神に基づいて住民組織が確保することを促進する構想を進めている。厚生労働省もまた、「我が事・丸ごと」あるいは「地域共生社会」をキーワードとし、「地域力強化検討会（地域における住民主体の課題解決力強化・相談支援体制の在り方に関する検討会）」を発足させ、要介護者、障害者、困窮者の支援など、社会福祉全般における住民主体の地域課題の解決力強化、その体制づくり、市町村による包括的な相談支援事業の実施等の検討を行い、「地域共生社会」の構想を具体化しようとしている。(2)

こうしたなか、生活困窮者制度もまた「地域共生社会」の実現の手段として、重要な役割を持つようになった。困窮者・生保部会では、生活困窮者制度の理念・目標を、「生活困窮者の自立と尊厳の確保」、「生活困窮者支援を通じた、地域共生社会、地域づくり」とし、そのためには、「包括的・個別的・早期的・継続的・分権的・創造的な支援」が必要であるとしている。その際に、社会的孤立や排除は直ちに経済的困窮問題につながらなくても、長期的にはその重要な要因になると見なした。そして、生活困窮者制度の対象者を経済的困窮者に限定せずに、包括的に相談を受け止め、引きこもり、ゴミ屋敷なども含めた社会的孤立、８０５０問題、ダブルケア、病気、障害、住まい、家族問題、メンタルヘルス、家計管理、就労定着困難といった複合問題を抱える個人や家族を、広く支援する対象者とすべきとした。

そのため、現行の生活困窮者制度の支援対象者像の見直しが必要になった。現在の制度は、生活困窮者自立支援法第二条で「生活困窮者」の定義を、狭く「現に経済的に困窮し、最低限度の生活を維持することができなくなるおそれのある者」としているが、これでは経済的困窮者に対象者を限定しているように理解されてしまう。実際、多くの自治体が、支援対象者を絞り込んで運用しているが、この対象者像では、前述の目的・理念を達成することはできない。加えて、困窮予防的な対応がとれず、経済的困窮になるまで、放置することになる[3]。

そこで、困窮者・生保部会では、「就労の状況、心身の状況、地域社会との関係性その他の事情により、現に経済的に困窮し、最低限度の生活を維持することができなくなるおそれのある者をいう（改正法案第三条）」というように、現に経済的困窮に陥っている人に限定せず、自立した日常生活、社会生活を送り、包括的、予防的処置を地域社会で取り組むことができるように対象者を広げるべきとした。

改革動向②　制度基盤の整備：利用勧奨、各事業の拡充

次に、生活困窮者の各事業の状況を確認しておこう。まず必須の自立相談支援事業であるが、新規相談件数は2年間で約45万人となり、生活保護受給につなげるケース以外に、生活の立て直しや放置していたら生活保護受給に至っていたケースを多数自立させることに役立っていると評価している。一方で、依然として多くの課題の存在も確認された。

生活困窮者制度の実情を調べたヒアリングやアンケートなどの調査では、「地域に該当する経済的に困窮するものは存在しない」、「生活保護制度の一部であり、福祉担当の部門しか関わっていない」、「困窮者を把握できない」という自治体も多い。ここからは、自治体が従来の行政の発想で対象者を狭く限定し、把握するという考え方から抜け切れていないことがわかる。

介護保険、障害者福祉、生活保護といったように、ある程度、対象者が明確に定義されているものとは異なり、生活困窮者制度は困窮状態の人を対象にするという曖昧な部分があることは確かである。すなわち、生活困窮者制度は、経済的困窮（貧困）の人のみならず制度の隙間にある困窮者、あるいは個々人ではなく家族全体、複雑な課題を抱えている人を対象にしており、その事業も住居確保給付金の支給以外は基本的には個別給付ではなく、地域の資源や特徴を生かし、他の施策と連携させる必要がある。しかし、この生活困窮者制度事業の役割を十分に理解していない自治体も多い。

というのも、生活困窮者制度は、他の社会福祉サービスとは異なり、ある種の「触媒的」な性格を有しているため、制度発足前から、地域社会が抱えている問題について、強い意識や関心を持ってこなかったような自治体は、地域の困窮問題を把握しておらず、制度を使いこなすことができないでいるからである。

次に任意事業を見ると、その実施状況で地域格差の大きいことも確認された。都道府県別に見ると、２０１６年度の就労準備支援事業は、熊本県１００％に対し、茨城県は６％、一時生活支援事業は京都府、大阪府、愛知県、熊本県１００％に対し、青森県、秋田県、山形県、石川県などは０％である。また家計相談支援事業は熊本県が１００％に対し、石川県が０％、子どもの学習支援事業は熊本県100％に対し、島根県は5％となっている。困窮者・生保部会では2015年度から2年間の実績を振り返り、支援につながらない困窮者へのアウトリーチと困窮者に対する利用勧奨などの対応強化、各事業の支援メニューの拡充、自治体間格差の原因、補助率の引き上げなどを議論した。

まず制度の基盤的な部分から見ると、制度利用の入り口である自立相談支援事業は相談支援の質の向上が鍵であるため、経験と意欲のある支援員の確保が重要であるとしている。さらには、関係行政組織間での縦割り行政の課題解消のために、税、国民健康保険、公営住宅、教育、生保などの担当部署間で、困窮者に関する関連部署内の「情報共有」を行う会議体を設置できることとした。

3. 生活保護制度改革の概要

次に生活困窮者制度の導入と並行して進んでいる生活保護制度改革を概観しよう。生活困窮者制度の議論は、2009年に発足した民主党政権下の特別部会でスタートした。その議論は最終局面で、2012年12月の総選挙によって政権に返り咲いた自公政権に引き継がれた。自公政権は総選挙で生活保護の引き締めを主張していたため、生活困窮者制度は生活保護の引き締め、抑制とセットで成立し、生活困窮者支援と生活保護の抑制という「光と影」

の二面的な性格を持っているのではないかと見られるようになった[4]。

以下、2012年以降に生活困窮者制度の検討・導入と並行して行われた生活保護改革(①生活扶助基準額の改定、②勤労控除の見直しおよび就労自立給付金の創設、③住宅扶助基準額の改定、④医療扶助の改革)を概観する。

改革動向①:生活扶助基準額の改定

生活扶助基準額の見直しを考える上で、論点となるのは、①ミーンズテスト(資産調査)のあり方、②給付額の計算方法の変更、③給付額の改定方式(消費動向や物価動向を反映したスライド率)の変更である。

生活扶助基準額は、2013年度と2018年度の2回見直された[5]。5年間隔で行われたのは、生活扶助基準額の検証に使う全国消費実態調査が5年に一度行われるためである。ただし、実際に採用された扶助額の改定は、2013年度は、一部指数の見直しと扶助額の消費動向や物価動向を反映したスライド率の変更、2018年度は、全面的な指数の見直しという異なる方法で行われた点に留意する必要がある。

2013年度の生活扶助基準額の見直し、生活保護制度改革では、①は扶養義務の照会について福祉事務所の調査権限が強化され実質的にミーンズテストが厳しくなり、受給対象を絞り込むことになったという評価がある。②は生活扶助基準額を計算する指数のうち世帯人数を反映させる指数（マルチプル）を、従来の理論値から実際の消費データをもとに推計した値に置き換えた。③については、生活扶助基準額を一般世帯の消費動向に対応させるために、生活扶助基準額独自の「生活扶助相当ＣＰＩ」という生活保護専用のスライド率を使うことで、生活扶助基準額の引き下げが行われた[6]。

次に２０１５年度に行われた冬季加算の見直しについて見てみよう。冬季加算は、冬季の光熱費等の増加需要に対応するものとして、11月から3月までにおいて、生活扶助基準額に上乗せ給付されるものであるが、創設以来、その金額の本格的な検証は行われていなかった。生活保護基準部会では家計調査を使って冬季期間の家計消費支出の変化から冬季加算の見直しを行った。ただし、冬季加算の見直しが生活保護受給世帯の支出構造にどのような影響を与えたのかという点については、影響のあった期間の２０１３年と２０１５年の被保護者調査を使った分析が行われたが、その間に灯油価格変動や季節的な変動もあり、冬季加算の見直しによる影響は、十分な評価・検証が行われていない。

２０１８年度に実施された生活扶助基準額の見直しでは、標準世帯（夫婦子ひとり世帯の給付）の生活扶助基準額は、これまでどおり一般世帯の第１十分位の所得層の消費額と均衡し、かつ第３十分位の67〜70％[7]であることを確認した上で、この標準世帯の給付額は引き下げも引き上げも行わないとした。②については、第１十分位の所得層の消費実態から推計されたパラメーターを使って、世帯構成員の年齢、地域（級地）、世帯人員数（世帯規模）の生活扶助基

図2　基礎控除額の変更が就労収入に与えた影響

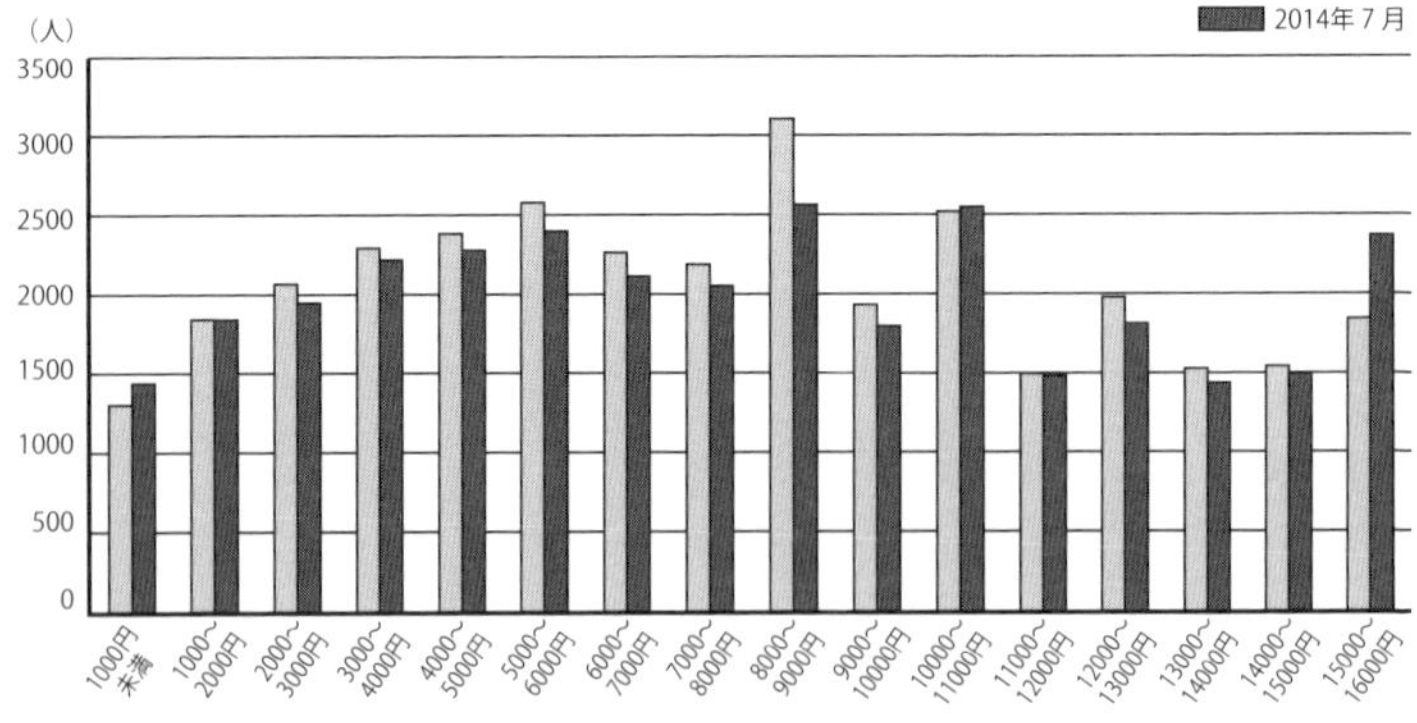

注：2013年7月および2014年7月の両月において、1円以上の就労収入があった者における分布である。

（資料）被保護者調査（年次調査、特別集計）

出所：社会保障審議会生活保護基準部会第26回資料

準額を決める指数で計算した。その結果、地方部の生活扶助基準額を引き上げる一方で、都市部の母子世帯、単身世帯の生活扶助基準額は引き下げることになった[8]。

このほか母子加算については、その金額をおおむね2割程度引き下げる一方で、曖昧であった制度、そして給付額の根拠については、夫婦子ひとり世帯と母子世帯の世帯構成の違いから発生する費用分として考えることを確認した。また学習支援費についても、子どもの健全育成にかかる費用として、実費分で支払うことになった。

さらに生活保護世帯の子どもの大学進学支援を強化するために、大学等の進学を支援する「進学準備給付金」を一時金として支給し、大学就学中で世帯分離した場合にも住宅扶助額を減額しないこととした。

改革動向②：勤労控除の見直し

生活保護制度には、「勤労控除」という、勤労に伴う必要経費を補塡し、また就労に対するインセンティブを高めることを目的とした制度がある。つまり、生活保護世帯に勤労収入があった場合、収入に応じて一定額を、収入認定額から控除する。

勤労控除のうち主だった制度である基礎控除は、8千円までを全額控除とし、8千円以上の収入については収入額に応じた控除率を乗じて控除額を決めていた。しかし、被保護者調査によると、図2のように、基礎控除の全額控除上限額が8千円（2013年度）であるため、8千円近辺に就労収入の分布が集中していた。[9] こうした基礎控除額が就労に与える影響は、就労—余暇の選択モデルから経済学的には想定されるものである。つまり、8千円を基礎控除の全額控除上限額とすると、8千円以上に就労収入が増加した場合、控除額が十分に増加しないため、手取り就労収入も増えにくくなるので、就労意欲は低下する。

その後、2014年度に全額控除上限額を1万5千円に引き上げた結果、1万5千円までは手取り額は増加することになった。実際に就労収入が1万5千円近辺に分布が集中したことから、基礎控除の見直しが就労行動に影響を与えたことが確認できた（図2）。

さらに2014年7月から実施された就労自立給付金制度[10]については、福祉事務所調査によると就労意欲を高めたと評価をする一方で、福祉事務所からの説明が不十分で、利用されない場合があることも指摘されている。

改革動向③：住宅扶助基準額の改定

住宅扶助基準額については、住宅扶助基準額が低所得者向け賃貸住宅市場の価格形成に影響を与えている可能性が従来から指摘されていたが、基準額の検証はこれまで行われることはなかった。基準部会は、「2008年住宅・土地統計調査」や賃貸住宅の民間データを使って、生活保護受給世帯が居住する民間借家における最低居住面積水準の達成率を検証した。その結果、生活保護受給世帯のうち最低居住面積水準を達成している割合は、単身世帯46％、2人以上世帯で67％にとどまっていた。これは一般世帯よりも劣悪な居住形態にあるということであり、民間借家に住んでいる生活保護受給世帯の住宅の質の向上の必要性が指摘された。他方、現行の住宅扶助特別基準が、各地域において、最低居住面積水準を満たす家賃額をどの程度カバーする水準となっているかも調査した。単身世帯が居住する民間借家のうち、最低水準を満たす民間借家等家賃額の5～25パーセンタイル値（最小値から数えて5～25％に位置する値）と住宅扶助特別基準とを比較することにより、住宅扶助基準額の見直しを行った[11]。この結果、住宅扶助基準額が減額となり、家賃が住宅扶助基準額の限度額を超えているため、転居などの影響を受けた世帯が44・5％も存在することが確認された。

改革動向④：医療扶助の改革

生活保護予算の47％を占める医療扶助については、これまでも非効率な医療サービスの存在が指摘されていた。２０１３年の生活保護法改正では、医療扶助の指定医療機関制度について、指定（取消）に係る要件を明確化するとともに、指定の更新制を導入し、不適切な給付を防止するために医療サービスの供給サイドへの制度変更を行った。

２０１７年の困窮者・生保部会では、医療扶助の問題が再び議論になった。そのなかで特に重要な議論になったのが、受給者に窓口負担を求めるかどうかという点であった。この議論の背景には、非効率な医療サービスは窓口負担がないために安易に受診するという需要サイドの問題もあるのではないかという考えがあったからである。他方で、①窓口負担については、受診抑制につながるおそれがあること、②窓口負担を償還払いする場合の行政手続きにコストがかかることなど、慎重な意見が多く、医療扶助における受給者窓口負担は見送られることになった。

この一方で、生活保護受給者には健診を受けない者が多いことや生活習慣病の罹患者も多いこと、食生活などにも課題があることなどから、生活習慣病の予防、健康管理支援のための「健康管理支援事業」が導入された。さらに医療扶助については、医師等が医学的知見で問題ないと判断するものについては、ジェネリック医薬品を使うことなどが提言され、２０１８年の通常国会で生活保護改正法案が提出され、成立した。

4．今日のセーフティネット論議に欠けているもの

本章では、２００９年前後から２０１８年までの一連の生活保護制度および生活困窮者自立支援制度の動向を概観してきた。注意しないといけないのは、この間、２回の政権交代が発生したこと、特に生活困窮者制度の構想から成立に至る過程で政権交代が起きたことが、生活困窮者制度の性格をわかりにくいものにした点である。最後に生活保護制度、生活困窮者制度それぞれの課題と、両制度にまたがる今後の課題についてまとめよう。

生活保護制度の課題――負荷の増大のなかで最低生活保障を支える論理の構築

生活保護制度への負荷が増大している要因には、生活保護受給者の増加と社会保障給付の抑制や賃金格差、低中所得層の消費の抑制、不振という二つのルートがある。

安倍政権下における景気回復、人手不足経済のなかでも、生活保護制度の受給者世帯数は増加を続けている。特に高齢者の受給者の増加が著しく、生活保護制度の負荷はいっそう強まっている。社会保障給付の抑制、特に高齢者向け給付の引き下げは、貧困高齢者、生活保護受給者数を増加させる。また、社会保障給付の継続的引き下げや、将来不安により、低中所得者層の消費が低下すれば、生活扶助基準額の引き下げにつながることになる。

特に２０１３年以来の生活扶助基準額の改定において、いくつかの課題が明らかになってい

図3　強相対貧困基準と弱相対貧困基準

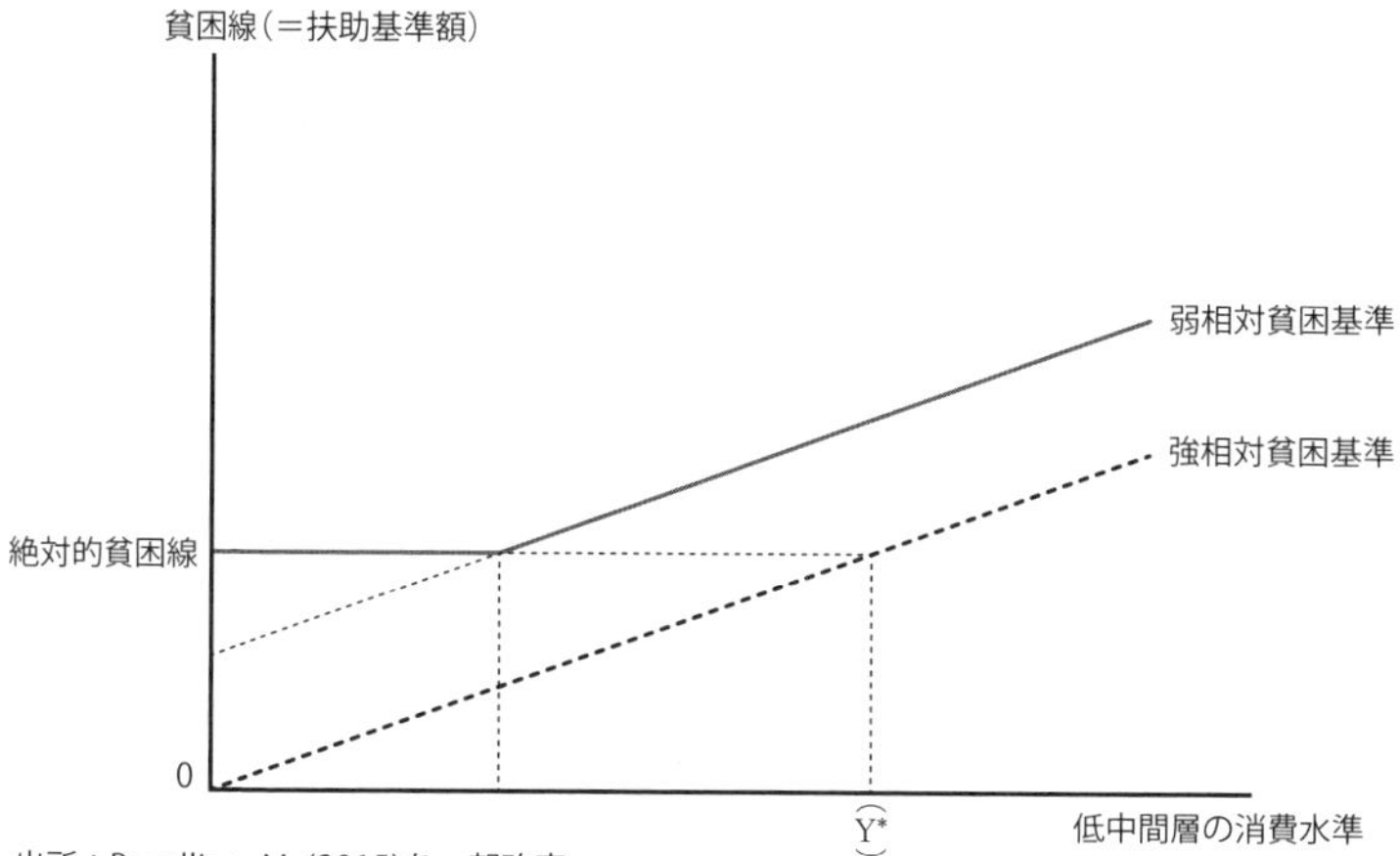

出所：Ravallion, M. (2015)を一部改変

る。それは、①１９８４年以来採用されている水準均衡方式の限界、②検証で使用される全国消費実態調査等のデータの課題、③生活扶助基準額改定による影響の検証の３つであり、いずれも２０１３年の生活扶助基準額、２０１５年の住宅扶助基準額、２０１７年の生活扶助基準額の改定の際にも生活保護基準部会で指摘されてきたことである。

　特に①の１９８４年以降定着した水準均衡方式は、成長、インフレ、中間層が拡大している経済において、扶助額を改善する方法としては有効な考え方であったが、今日では様々な問題が指摘されるようになった。つまり、図３で示した「強相対貧困基準（Strong Relative）」の発想である「水準均衡方式」に従えば、低成長、デフレ、格差拡大する経済で、低中間層の消費（Y*）が低下すれば扶助基準額も連動して下がり続け、絶対的貧困線以下になる可能性もある。

今日の社会で、「健康で文化的な最低限度の生活」を過ごすために必要な収入とは、いったいどの程度なのか。「現在の社会での最低限度の生活を保障する意味でのマーケットバスケット」から計算し、生活扶助基準額の引き下げ下限になる水準を作成することも必要である。経済が好転している時は水準均衡方式（強相対貧困基準）でよいが、経済状況が悪化した場合は、一定の下限で生活扶助基準額の引き下げに歯止めを組み入れた、「弱相対貧困基準（Weakly Relative）」の考え方を導入すべきではないかと考える（図3）。
②の全国消費実態調査は、これまでも生活扶助基準額の検証に使われてきており、検証の連続性やデータの詳細さから、今後も検証の主要データとして使用を続けるべきであるが、全国消費実態調査は単身世帯のデータ収集に課題があり、補足的な調査、データによって補われる必要がある。
③の2013年の生活扶助基準額の改定の影響は、高齢者世帯、母子世帯の4割、傷病者・障害者世帯の3割に生活扶助基準額の低下をもたらしたが、それが家計支出にどのような影響を与えたのか、同様に冬季加算の減額が生活保護受給世帯の消費行動にどのような影響を与えたのかという検証は不十分である。経済的な変動（価格）や受給世帯の構成変化などの影響もあるが、被保護者調査をより有効に使い、客観的な影響分析を行う必要があろう。

生活困窮者自立支援制度の課題——全国的な実効性の確保と財源問題

今後とも貧困、困窮の問題は拡大すると見込まれる。特に団塊ジュニア世代は、非正規労働者が多く、未婚率も高い。社会や家族との関係も脆弱である可能性が高い。１９７０年代前半生まれの団塊ジュニアも、先頭グループは２０２０年代前半には50代に入り、雇用機会も徐々に限られるのではないかと思われる。

生活困窮が量的、質的にさらに拡大することが予測されるなか、特に生活困窮者制度の拡充が期待される。その際に大きな壁になるのが財政制約である。２０１３年の社会保障・税一体改革では、消費税を医療、介護、年金の保険財源の補完財源として位置づけたが、一方で生活保護や困窮者支援を消費税財源の対象にしなかったため、厳しい財政制約のもとでは、生活困窮者制度と生活保護の両方を拡充することは難しい状況になっている。とはいえ、困窮者問題の拡大が予測される以上、困窮者向けの安定財源の確保は重要になる。

詳細な議論は、第10章にゆずるが、困窮者制度の実行性を高める上で重要になってくるのは、生活困窮という曖昧で多元的な課題に対するアプローチの工夫である。

効果的な支援を行うためには、たとえば、①支援の現場を支える政策——事業の担い手の職場環境の整備、事業の質が評価される委託のあり方が必要である、②生活安定や就労への意欲向上を支える支援方法のノウハウの蓄積——自己肯定感の低い利用者の心理的課題を理解した生活支援の実践や科学的知見に関する理解を進める、③「就労困難尺度」などの新指標の開発や新しい就労支援の構想――働きにくさを抱えている人々の課題を反映した尺度づくりや、困窮者や障害者を包摂する就労支援の仕組みを開発する必要がある。

今後、基礎年金給付水準がマクロ経済スライドで低下することが予測され、さらに団塊ジュニアのような非正規労働者が多く、年金の未納率の高い世代が高齢者になると、いっそう貧困高齢者が増加することが見込まれる。生活保護制度や生活困窮者制度の財源確保の問題、加えて現在の一般扶助型の生活保護制度を困窮のタイプ別・カテゴリー別に見直し、生活困窮者自立支援制度とより連携した形でのカテゴリー扶助型生活保護制度へ向けての議論、といった大がかりな生活保護制度の見直しなどの可能性も出てくるであろう。

第2部

データから見た生活困窮者像

――埼玉県アスポート事業から

埼玉県アスポート事業とは

田中聡一郎

２０１０年9月から、埼玉県は、生活保護受給者の自立に向けた支援を進めるために「生活保護受給者チャレンジ支援事業」（通称：アスポート事業）として、職業訓練支援員事業（以下、就労支援事業）、住宅ソーシャルワーカー事業（以下、住宅支援事業）、教育支援員事業（以下、学習支援事業）を開始した。

アスポート事業の検討の始まりは、２０１０年2月。埼玉県の社会福祉審議会において「生活保護受給者の自立支援」がテーマとなり、生活保護受給者の増加のなかで、支援体制の脆弱さが議論になったことにある。そこで4月には、埼玉県福祉部社会福祉課がプロジェクトチームを立ち上げ、検討を開始した。事業の企画に当たっては、福祉事務所のニーズ調査を行い、またケースワーカーに対してヒアリング調査を実施した。これらの調査から、就労、住宅、教育の3分野での自立支援が必要であると事業概要がまとまった。すなわち、アスポート事業は、現場での経験や課題から生まれた、最も必要性のある領域での自立支援策であった。

アスポート事業のそれぞれの内容は、次のとおりである。

就労支援事業では、就労可能性のある生活保護受給者に対し、その職歴やコミュニケーション能力、健康状態などを踏まえて、職業訓練や職場体験を実施し、就職支援を行う。

住宅支援事業では、民間アパートなどの一般住宅またはグループホームなど福祉施設への転居を促し、住宅転居後もおおむね6カ月間、居宅生活が安定するまで生活支援を行う。支援対象者のうち無料低額宿泊所入所者の占める割合は大きいが、病院から退院後の居宅がない人や住居を失った人などにも対応する。

学習支援事業は、高校進学率を向上させることによって生活保護世帯の子どもたちの「貧困の連鎖」を断つことを目的として打ち立てられた事業である。主な事業内容としては、生活保護世帯に対して家庭訪問を行い、進学の相談や学習教室への参加を促し、学習教室では学習ボランティアによる教育指導を行っている。

第2部では、第2章において埼玉県福祉部社会福祉課によるアスポート事業の概要・全体像の説明を行い、第3章から第5章において就労支援事業、住宅支援事業、学習支援事業の支援データを用いて、研究者が「生活困窮者」の実像を明らかにする。

埼玉県のアスポート事業は、生活保護世帯の自立支援事業として始まったが、生活困窮者支援の先進事例として、生活困窮者自立支援制度にも影響を与えている。生活困窮者支援の意義を考える上で最もふさわしい先進事例といえる。

（※）第3章～第5章では、筆者が独自にアスポート事業の業務データ（個人が特定されないよう秘匿化されている）の再集計を行っている。また第5章では独自のアンケート調査結果を掲載している。そのため、埼玉県の統計書などに公表されていない図表も含まれている。

第2章　埼玉県アスポートの取り組み

埼玉県福祉部
社会福祉課

1．アスポート事業

生活保護と日本経済

現行の生活保護制度は、戦後まもない1950年に始まった。戦後の混乱のなかで、発足後すぐは200万人を超える人が生活保護を受けていたが、高度成長期を通じて生活保護受給者は減少していった。

当時、若者は「金の卵」と呼ばれ、希望すれば仕事を見つけることは難しいことではなく、雇用保険や年金など、失業や老後に備えるための社会保険制度も整備されていった。人々の生活も、親・子・孫の3世代が一つ屋根の下でお互いに助け合う生活が当たり前であった。企業や行政や家族の支えのなかで、多くの人は生活保護受給の手前で何とか生活を立て直すことができたのである。

生活保護を受ける人が減少するなかで、生活保護制度は、次第に身寄りがない高齢者や障害者など、働くことができず、誰にも頼ることができない人のための制度になっていった。

それが、大きく変わり始めたのが、平成景気の終焉期である1992年頃のことである。成長を続けていた日本経済が曲がり角を迎え、多くの人が不況を原因に仕事を失うことになったのだ。同じ頃、一度就職すれば定年退職まで同じ会社で働き続けられる終身雇用制度が崩壊し、パート、アルバイト、派遣労働者といった非正規雇用で働く人が増えていった。終身雇用が前提となる社会では、一時的に病気や怪我で働くことができなくなっても、病気休暇や傷病手当金などが社員を守り、たとえ失業しても、雇用保険や障害年金などのセーフティネットがその人と家族を守ってくれた。

しかし、非正規雇用で働く人については、雇用保険や健康保険等の適用対象外となる場合があるため、病気や怪我などをきっかけに仕事を辞めざるをえなくなった時、生活に困窮するリスクが高くなる。さらに低賃金で働いている場合も多く、貯金もできず、病気や怪我が長引けばあっという間に行き詰まることになる。

また、高度経済成長を通じて、家族のあり方も変わっていった。進学や就職、結婚などをきっかけに親元を離れ、新しい家族をつくることが当たり前になり、それまでの3世代同居から、核家族といわれる親子だけの世帯が増えた。加えて、都市部では教育費や住宅費の負担も大きく、親や兄弟たちが生活に困窮しても、助け合うことが困難になっていった。

さらに、少子高齢化に伴い、経済的な支えを必要とする高齢者が増え続けている。1965年には65歳以上の高齢者1人を9・1人の現役世代で支える「胴上げ」型の社会であったのが、2012年には、2・4人で1人を支える「騎馬戦」型の社会になり、2050年には、国民の約4割が高齢者となって、高齢者1人を1・2人の現役世代で支える「肩車」型の社会が到来することが見込まれている。医療・介護など、生活を支える制度が整備され、平均寿命が延びる一方で、高齢者が無年金・低年金でその他の収入や資産もなく、生活保護を受けざるをえない状況となるおそれがある。

働き方の変化、家族のあり方の変化、そして少子高齢化の進展といったいくつかの要因が重なり合い、2000年代に入り、生活保護を受ける人は徐々に増えていったのである。

生活保護と世界金融危機（リーマンショック）

さらにこの状況に拍車をかけたのが、2008年に起きた世界金融危機（リーマンショック）である。この世界的な金融危機によって日本の景気は大きく後退し、「雇い止め」や「派遣切り」などが起こり、失業者が増加した。製造業をはじめ、すでに多くの産業で非正規雇用労働者の割合が増えていた日本では、多くの非正規雇用労働者が仕事を失い、路頭に迷う事態が生まれた。景気後退の折、一旦、仕事を失うと次の仕事を見つけることはなかなか難しく、自力では生活できずに、生活保護を受けざるをえない人が急激に増えた。それは埼玉県でも例外ではなかった。

こうして、主に「働くことができず、誰にも頼ることができない人のための制度」であった生活保護制度を、「働くことはできるが働く機会のない人」も利用せざるをえない状況になっていったのである。

本来、働くことのできる生活保護受給者に対しては、しっかりと就労支援をすることで、受給者が就職し安定した収入を得て、自立していくことが重要である。しかしその当時は、生活保護受給者の急増に対して、そうした支援をするケースワーカーの増員が追いつかず、十分な支援ができない状況となっていた。本県におけるケースワーカー1人当たりが担当する生活保護世帯数の市部の平均は、社会福祉法で定められた標準が1人当たり80世帯であるのに対し、実際は93世帯であった。

また、県内には、住居のない生活保護受給者等が「一時的な」宿泊所として利用する、無料低額宿泊所がある。しかし、その当時は、仕事と住居を失った多くの人が無料低額宿泊所に入所したため、十分な支援を受けられないままに入所期間が長期化し、彼らの就労意欲も次第に低下していった。

さらに、生活保護世帯で育った子どもが大人になって、再び生活保護を受ける「貧困の連鎖」への対策も喫緊の課題であった。「貧困の連鎖」を考える上で高校進学率は重要な指標であるが、2009年度における埼玉県の高校進学率は、全体で約98%であったのに対し、生活保護世帯の子どもたちの高校進学率は約86%と、約12ポイントも低い状況であった。

こうした状況下で、埼玉県では、さいたま市を除く県内全域を対象とした「生活保護受給者チャレンジ支援事業」を立ち上げ、民間団体と連携して、生活保護受給者に対する支援を行うこととした。

この生活保護受給者チャレンジ支援事業には、「アスポート」という愛称がある。アスポートには「明日への港（明日+ポート）」と「明日へのサポート」という二つの意味がある。この言葉には「一人ひとりに寄り添い、明日に向けて疲れた翼を休めることができる港になり、そして、明日への支えを提供し、新しい船出に向けた応援をしていこう」という思いが込められている。

本章では、このアスポート事業について、支援体制の構築、実施状況、実績、市町村への移管後の状況などについて、現場から報告する。

アスポート「就労支援」「住宅支援」「学習支援」

アスポート事業は、2010年9月に開始され、「就労支援」「住宅支援」「学習支援」の各分野で専門性を持つ支援員を県内全域に配置し、生活保護受給者の多様なニーズに応じて、マンツーマンで対応する体制づくりをめざした。各支援の具体的な取り組みと事例、さらには支援者である大学生ボランティアの声を紹介する。

①就労支援（職業訓練支援員事業——職業訓練の提供で自立へ——）

雇用情勢が厳しいなかでは、特筆すべき技術も職歴もない人がハローワークに行っても、就職先を見つけることは容易ではない。埼玉県内にも、仕事に就く上で健康上の問題がない50歳未満の生活保護受給者が約2500人いることがわかった。その多くは、最終学歴が中学校卒業、これまでの仕事は派遣などの非正規雇用の仕事ばかりで、資格や技能を持たない人が大半を占めていた。

このため、従来の就労支援のような履歴書の書き方や面接の受け方、ハローワークの利用方法について助言するだけでは十分ではなく、求職者が職業訓練を受講して一定のスキルを身につけた上で、就職をめざすことが必要であると考えた。そこで職業訓練の受講から就職まで、支援員が一貫した支援を行っている。さらに、就労決定後もていねいに支援している。なぜならば、せっかく就労が決まったけれど、1カ月で辞めてしまうという人も少なくないからである。そのため、就職後もこまめに連絡をとり、定着するための支援を行っている。

対象者は一人ひとり育った環境も異なれば、抱えている課題や目標も異なる。対象者一人ひとりに合った支援をどこまで実行できるかが、支援の成果を左右する鍵となっている。

「仕事を通じて家族・社会とのつながりを取り戻す」

――男性40代　Aさんのケース――

Aさんは、高校卒業後、観光バス会社の運転手（正社員）として働いており、大型二種運転免許も持っていた。ところがある時期から、会社の同僚からいじめを受けるようになり、Aさんは耐えきれず、2008年に会社を辞めてしまった。

失業後は、貯金を取り崩し、生計を立てていたが、貯金が底をつき、2009年10月に生活保護を受給することとなった。さらに2010年2月からは、それまで入居していたアパートからも立ち退きを要求され、無料低額宿泊所に入所することになった。

Aさんの父は、2011年に脳梗塞で亡くなり、母とはほとんど交流がなく、姉とは約20年間、交流が全くない状態であった。

アスポートの支援は、2011年から始まった。Aさんは、前の職場でいじめられたことがトラウマになっており、人間関係に恐怖心を抱いていた。

前の職場を辞めた後は、長年のドライバー経験を生かして、ドライバーの仕事を探していたが、リーマンショックの影響もあってか、面接までたどり着くことはほとんどなく、再就職を諦めかけていた。

そうした背景があるため、支援開始当初は、求人情報を手にしても、応募する意思は弱く、なかなか状況が好転することはなかった。

そこで支援員は、Aさんに対して、まずは一歩外に出て前向きになれるよう、面接力向上セミナーへの参加を勧めた。Aさんは4日間のセミナーに参加し、Aさんと同じような境遇の人たちと出会い、その人たちに刺激を受け、前向きにがんばろうという気持ちになっていった。その翌月にAさんは「フォークリフト技能習得講習」に参加した。

その講習を通じて、Aさんはフォークリフトの免許を取得した。さらに講習のなかで、ある物流会社の社長の話に感銘を受け、「せっかく取得した免許を生かして、あの社長の物流会社で就労体験がしたい」との申し出があった。

就労体験に参加したAさんは、社員よりも先に出勤し、真摯に仕事に取り組んだ。また、一緒に就労体験に参加した年下の人に対して、アドバイスをするなど、自分のことだけではなく、他人に対しても一生懸命になれる姿が見られた。

約1カ月の就労体験の後、真面目に仕事に取り組むAさんの姿勢や、面倒見の良さが評価され、就労体験先の物流会社に契約社員として採用されることとなった。

仕事を始めて1カ月後、その職場での初めての給料を受け取り、生活保護も廃止となった。また後述する住宅ソーシャルワーカー事業も活用し、無料低額宿泊所から民間アパートへ引っ越すこともできた。そのアパートの賃貸借契約を結ぶ際、支援員から、母親に緊急連絡先になってもらうよう勧められたことがきっかけで、その後、母親と連絡するようになったということである。

Ａさんは毎月の給料の一部を、母親に仕送りするようになった。そして「現在の職場で、技能を磨き会社の信頼を得て、さらに給料アップを図りたい」と、支援開始時には語らなかった就労への意欲を見せるようになった。

②住宅支援（住宅ソーシャルワーカー事業――無料低額宿泊所からアパートへの移行――）

生活保護法は、最低限度の生活を保障するとともに、自立を助長することを目的としている。自立を助長する上で住宅というのは重要な要素であり、安定した住居の確保が自立への第一歩となる。生活保護受給者でも借りることのできる家賃の安い物件は数多くあるが、保証人の確保が難しく、受給者が一人で物件を探すのは容易なことではない。そのため、地元の不動産業者や大家さんに理解を求めるなどして、生活保護受給者がスムーズに民間アパートなどに入居できるよう支援を行う。さらに、そうした転居に伴う阻害要因の解消が他にも必要であれば、金銭管理、健康管理、日常生活の管理等、生活全般の支援も行っている。そして、地域で安定した生活を送ることができるように、支援員は転居後も支援を続けている。

支援内容は多岐にわたっており、「無料低額宿泊所からの転居」、「病院から退院した後の住居探し」、「住宅扶助基準額の範囲を超えてしまっているいわゆる高額家賃アパートからの転居支援」、「住まいがない人に対し、一時宿泊施設（シェルター）を利用しながらの住居探しの支援」を行うなど、その人その人の状況に応じた支援を行っている。

「支援の継続が心を動かす」――男性60代　Bさんのケース――

Bさんは、中学校卒業後、正社員として電気工事業の会社で働いた後、印刷関係の仕事に転職して約20年働いてきた。その後、独立して印刷業を営むものの、4年で倒産。プライベートでも、2度の結婚、離婚を経験した。会社を整理した後は、15年ほど友人宅や職場の宿舎を渡り歩く生活をしていたが、とうとうホームレス生活に入ってしまった。体調を崩したのを機に、無料低額宿泊所に入ったものの、寮長とトラブルになり、そこを出てしまった。Bさんは派遣の仕事を得て、その会社の寮で生活を始めたが、深夜に及ぶ長時間勤務で体を壊して会社を退職せざるをえない状況となり、再び、無料低額宿泊所に入所することとなった。入所してから3年が経過したが、福祉事務所からの再三の働きかけにも、頑として「ここでいい」と回答をしていた。理由を聞くと、「自分は、糖尿病や結核を抱えている。一人暮らしで倒れても誰も気づいてくれない。ここにいれば誰かは気づいてくれる。万が一のことを考えれば、このままここにいる方がずっといい」と言っていた。

さらに、Bさんは携帯電話のゲームにのめり込み、夜中3時頃まで夢中でゲームをするようになった。次第に昼夜逆転の生活になり、電話料金も月額1万円を超えていた。

支援員は、定期的に宿泊所を訪問し、アパート生活のイメージを具体的に話した。さらには寮長の粘り強い指導もあり、昼夜逆転の生活も少しずつ改善していったが、本人はなかなか退所の気持ちにはならず、膠着状態が半年ほど続いた。

そんなある日、どんなきっかけがあったのか、「出ることにしました。みんなが勧めてくれるこの時期がいいと考え直しました」とBさんは明るい表情で話してくれた。決断したら、転居までにそう時間はかからなかった。福祉事務所と相談して、1カ月ほどで新しい生活に踏み出せた。

転居してから半月ほどが経った頃、新しい住まいを訪問した。新居は、古いアパートであったが、本人が気に入った物件であった。電気釜やガスレンジが整い、明るい色のカーテンがつけられ、部屋はきれいに片づけられていた。開口一番、「最高だよ。一人でさびしいと思うこともあるけど、食事も自分で作っているし、朝、窓を開ければ部屋に〝お日様〟が入ってくるし、いいよ。最高だね」と話していた。

③学習支援（学習支援事業――貧困の連鎖の防止――）

関西国際大学の道中隆教授の調査によると、生活保護を受けている人の約4人に1人が子どもの時にも生活保護を受けていたという。生活保護を受けて育った子どもが、大人になって再び保護を受ける、これを「貧困の連鎖」という。この「貧困の連鎖」を断つために最も有効な手段が「教育」である。その鍵となるのが、高校への進学である。もちろん、進学だけが人生の選択肢ではないが、現実には高校卒業が就職の資格要件となっているケースがある。貧困で進学の機会が奪われ、人生を諦めてしまうことがあってはならない。2009年度の埼玉県全中学生の高校進学率は98・2％である一方、生活保護世帯の中学生の高校進学率は86・9％と大きく落ち込んでいた。

そこで埼玉県では中学生を対象に、「学習教室」と「家庭訪問」の2本柱の事業を開始した。「学習教室」に通う中学生の学力には、各人で大きな開きがあるため、学校や一般の塾のような集団授業はできない。学力が低い子どもの多くが「なにがわからないのかが、わからない」状態で、それを誰にも相談できずにいた。そのため、「学習教室」では「わからないことは恥ずかしくないいんだ」という気持ちを持てるよう、一人ひとりの状況に応じて、きめ細やかな対応を行っている。

また、教室は特別養護老人ホームのご厚意で、施設の一室を無料でお借りしている（現在は、特別養護老人ホーム以外の場所でも教室を開設）。教室に参加する中学生は、夏祭りやクリスマス会、お餅つきといった施設の行事の手伝いをすることで、大人から感謝されるようになった。この「人の役に立つ」という経験は、「勉強」以外の学びにつながるものである。子どもたちにとって、「教室」は勉強する場であるとともに、様々な経験をする場所にもなっている。

「家庭訪問」では、支援員が対象世帯を一軒一軒訪問している。生活保護を受ける家庭は、いじめや不登校などをきっかけに学校との関係が悪くなってしまったり、親がうつ病などで子どもの面倒を見られなかったり、様々な問題を抱えていることが珍しくない。

つまり、無料で勉強を教えてくれる場所があるというだけでは、学習教室に来てくれない子どもが一定数いるということである。こうした家庭には、相談に来るのをただ待つのではなく、こちらから手を伸ばす支援が必要になる。

1回の家庭訪問で直接、話ができることは少なく、支援員は相手の負担になりすぎないよう細心の注意を払いながら、家庭訪問を繰り返し行っていく。初めはゲームや趣味・特技の話から入り、少しずつ信頼関係を築いたのちに、勉強を教えたり、学習教室への参加を促したりしている。訪問する家庭は、親自身が地域から孤立し、相談する人もいないまま悩んでいることが少なくない。そこで、親の悩みにもていねいに耳を傾けることで、家族の関係も好転し、子どもたちが勉強に集中できる環境が整えられるのである。

学習支援というと子どもたちの姿が見られる「学習教室」にばかり注目が集まりがちである

が、こうした見えない地道な支援の上に、進学率の向上がある。

生活保護世帯の中学生は、勉強も苦手で、学校生活にもうまくなじめない子どもが多く、こうした子どもたちは、「意欲がない」、「家庭がしっかりしていない」、「学校生活に適応できず、迷惑ばかりかける」と見られ、「本人（家庭）に問題があるのだから、仕方がない」とレッテルを貼られていた。実際、事業開始当初には「勉強のできない子どもたちばかりだから、教室など開いても集まりはしない」という声もあった。

しかし、特別養護老人ホームの職員やお年寄りの温かい眼差しに見守られ、子どもたちはみるみるうちに顔つきが変わっていった。支援員は、その様子を「砂地に水が染み込むように、知識が入っていく」と表現している。信頼できる大人が身近にいて、しっかり支えれば、子どもたちは健やかに成長することができるのである。

子どもたちの頑張る姿は、福祉事務所や施設の職員らに、福祉に携わる者の使命を思い出させ、お年寄りを元気にし、さらに人生を諦めかけていた親のやる気さえも引き出している。

「家の中に外からの風が入る」
――生活保護世帯の女子中学生　Cさんのケース――

小学校1年の時に親は離婚、母親は2カ所でパートをしていた。そのため、Cさんが学校から帰ってきても母親は仕事で家にいないことが多く、一人で夕ご飯を食べる日が多い状況であった。宿題でわからないことがあっても教えてくれる人はいない。連絡帳を見て明日のための準備を手伝ってくれる大人もいない。そんな生活を小学校2年から続け、学校の授業も小学校4年からほとんどわからなくなってしまった。

中学校1年の時、さびしさを紛らわすために、同じような境遇の遊び仲間に加わるようになり、夜遊びを覚え、授業をサボるようになった。

中学校3年の夏、三者面談で担任から「今の成績と生活態度だと高校進学は難しい。もし入れたとしてもすぐ中退することになる」と言われて、親子共々、どうしたらいいかわからないでいた時に、支援員による家庭訪問が行われた。

支援員は、「これから勉強すれば間に合う、マンツーマンで小学校の復習から始める、受験先も一緒に見つける、困ったことがあったら何でも相談にのる」ということを一生懸命説明し、学習教室に来ることを勧めた。一通り説明したのち、お母さんからは「本人の気持ち次第です」と言われたが、それに対してCさんは何も言わず、ただお母さんの顔を見ているだけであった。ところが支援員が、「学習教室は無料で交通費も出る」と言った途端に表情が明るくなって、「行きます」と言ってくれた。Cさんはバス代で親に負担をかけるのを気にしていたのである。

学習教室に通い、マンツーマンで勉強を教えてもらい始めてから、Cさんの学力は劇的に向上していった。その変化は支援員の予想を大きく超えていた。「わからないことをわからないと言える」「隣には、やさしく教えてくれたり励ましてくれたりする大人や大学生がいる」「仲間がいる」

こうして学習教室はCさんの居場所となっていった。そして7カ月間ほぼ休まずに教室に通い、見事、希望する高校に合格できたのである。

Cさんの勉強のできなさ、学校をサボりがちな生活態度を、Cさんの「性格・意欲不足」と決めつけることはできない。勉強をしなければと思っても何から始めたらいいのかわからず、「なにがわからないのかも、わからなかった」とCさんは言う。出口が見えないで立ちすくむ親子にとって、支援員の家庭訪問と学習教室でのマンツーマン指導は「暗闇の中の明かり」だったと話してくれた。

この事業の担い手として、忘れてはならないのが、大学生ボランティアである。子ども一人ひとりにきめ細やかな対応をするためには、多くのボランティアが必要である。そのため、県では県内外の大学に呼びかけ、大学生ボランティアを募集している。

県では、子どもの貧困問題に関心を持つ大学教授の協力を得て、授業の一コマをお借りしてアスポート事業の事業内容の説明も行っている。

貧困や様々な困難を抱える子どもたちの存在、貧困の連鎖を断つための学習支援事業の重要

図1　ボランティア登録数

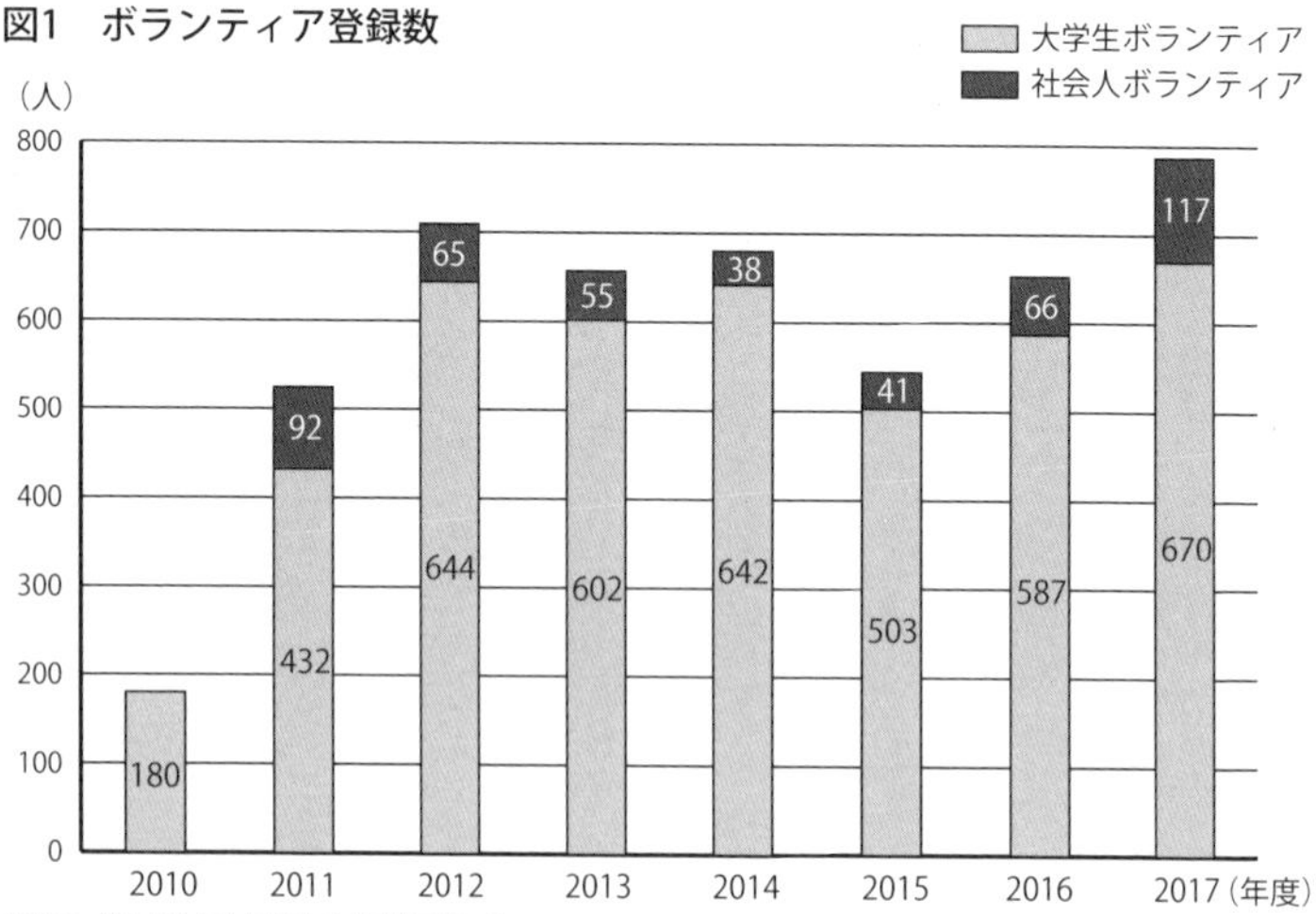

出所：埼玉県福祉部社会福祉課作成

性など、時間をかけて事業の必要性や意義を伝えていくことで、意識の高い学生の参加を実現している。また、大学によっては、この事業のボランティア参加が大学の正規科目として単位認定されるサービスラーニングも行っている。

ある大学教授は、「大学生は、子どもたちに勉強を教えようとボランティアに行く。しかし、実際には子どもたちに多くのことを教えられて帰ってくる。この事業は、大学教育としても極めて意義深いものがある」と話す。2017年度の大学生ボランティア登録者数は670人で63もの大学等から登録をしてもらっている。

大学生ボランティアの声（Mさん）

私が学習支援事業のボランティアを始めたきっかけは、教師を目指す上で、子どもとの関わりを学べると思ったからです。私は日頃、子どもと関わる機会が全くなく、そのようなチャンスがないかと思っていました。そんな時に大学の授業でこの事業のことについて知り、ボランティア登録しました。

初めて教室に参加した時は子どもにわかりやすく勉強を教えることができるか、子どもとうまく関係が築けるだろうかなど、多くの不安がありました。しかし、支援員の方々が勉強の教え方や子どもへの関わり方をていねいに教えてくださり、私がわからないことには適切にアドバイスをしていただき、ボランティアをやる上でとてもやりやすかったことを覚えています。

また、初めて教室に来た子どもたちは、ボランティアの人がどのような人かもわからないため、距離を置いてしまうことがあります。そのようになってしまったら勉強も教えづらくなってしまいます。そのため、私は自分から積極的に話すようにしました。そうすることで、だんだん子どもたちとの距離もなくなり、勉強以外のことでも話ができて、子どもたちを理解することができました。

私は教室に参加して、「教えることや子どもと一緒に学ぶこと、子どもと関わることは非常に大変だけれども、その分やりがいのあること」だと感じるようになりました。そして、子どもたちから「わかった」「教室に来て良かった」「楽しかった」と言われた時は、心の底からボランティアをやっていて良かったと思いました。

私がボランティアをやって学んだことは、相手の気持ちを考え、相手の立場になって考えること、それぞれの子どもの立場に立って教えることの大切さです。誰一人として同じ子どもはいません。教室に来ても、あまり勉強がはかどらない子どももいれば、勉強をしたい子ども、疲れている子ども、悩みを抱えている子どもなど様々な子どもがいます。このようにいろいろな子どもがいるなかで相手の立場に立って接しなければ、子どもにとって教室に来ることが苦痛になってしまいます。私はそれだけは避けたいと思っています。

なぜなら勉強を含め全てにおいて、楽しみながらやらないと何も身につかないし、長続きしないと考えているからです。そのようなことにならないためにも、子どもの立場に立って、一緒に学習を進めていくことが大切だと思います。そのほかにも学習支援事業を通して、様々なことを学びました。自分自身、教師になる上で必要なことを学べ、成長することができました。今後も学習支援事業のボランティアを通して、成長していきたいと思います。

また、埼玉県では、2013年から対象者を中学生から高校生に拡大し、中退防止を目的とした対策も行っている。次は高校生の支援を行っている支援員の声である。

高校生支援員の声（臨床心理士Kさん）

ある一人の生徒Dさんと関わった時の体験談です。

その生徒は、特別支援対象生徒で、今は高校3年生です。私はDさんが高校1年生の頃から関わり始めましたが、Dさんはコミュニケーションをとるのが苦手で、ちょっと嫌なことがあると、相手に対して突っ込みを入れたりする感覚で手や足が出ていました。おそらく、本人にとっては、それが他の人と関わる手段であったのだと思いますが、力の加減がうまくできておらず、私も強い力ではたかれたり、蹴られたりすることがありました。

そのような調子でしたので、最初は関わりにくさを感じていましたが、スタッフの打ち合わせで、「暴力に関しては、やめるように言っていきましょう」という意見をみんなで共有し、他の支援員さんと声かけをしていきました。そのおかげでほとんどそういった行為は見られなくなり、力の加減も上手にできるようになりました。

また、Dさんはイベントがあまり得意ではなく、急に不機嫌になって、ふいに外に出て行ってしまうことがありました。私はよくその後について行き、一緒に外に出て話すようになりました。

ある時、Dさんは「ああいうみんなが集まっているのが嫌なだけ」と話してくれました。私は「そうだったのか。でも、来てくれたんだね。ありがとう」と伝えました。そして、嫌な気持ちになることがわかりながらも、来たいと思ってくれるDさんのことを大切にしたいと思いました。

それから、イベント時には、机の配置を一つの大きな塊から、小グループに分けるように工夫したり、一人でいてもいいスペースなど、ちょっとした逃げ場を準備したりするようにしました。みんなと同じことをしなくとも、その場にいていいんだと思える雰囲気をつくることができたように思います。そうして、Dさんは外に出ることなく、イベントに参加できるようになっていきました。一番最近のイベントでは、私とひっそりと座っていたスペースから出て、自ら他の子に話しかけに行くことができていました。これは本当にすごいことだと思います。

このように、みんなで考えて、居場所をつくっていくことが子どもたちを変えていくことにつながるのだなと改めて感じます。

そして、最近、もっとすごいことに気づきました。それは、教室にいる子どもたちの力です。子どもたちは、この生徒が外に行ったり、急に不機嫌になったりしても見守ってくれます。時には、心配して「大丈夫なの？」と声をかけてくれます。手が出てしまう子や騒がしくしてしまう子には注意をしてくれる子がいます。しかも、ただ注意するだけではなく、そのまま仲間に入れて遊んでくれるのです。中学の時は不登校だった子も、誰かが遊びに誘うと、大笑いして楽しそうに過ごしています。

この教室には、いろんな子どもが来ています。彼らはそのなかで、一人ひとりを受け入れて、一緒に過ごす力があります。私は、学習教室は、勉強はもちろんですが、こういった力を身につける場所にもなっているのだと改めて感じました。

アスポート事業の実績

埼玉県が県内全域（さいたま市を除く）でアスポート事業を実施していた2014年までに「就労支援」を受けて就職した人、「住宅支援」を受けて転居した人は、ともに3000人を超え、「学習支援」を受け、学習教室に参加した子どもの高校進学率も一般世帯並みの水準に達した。

こうした事業を推進できたのは、業務委託先のNPO、一般社団法人、社会福祉法人、または無料低額宿泊所や不動産会社、技能講習などの職業訓練校、さらにはハローワーク、大学、特別養護老人ホーム等の協力があったおかげである。今後とも、様々な機関と協力しながら支援を行っていきたいと考えている。

図2　職業訓練支援員事業実績

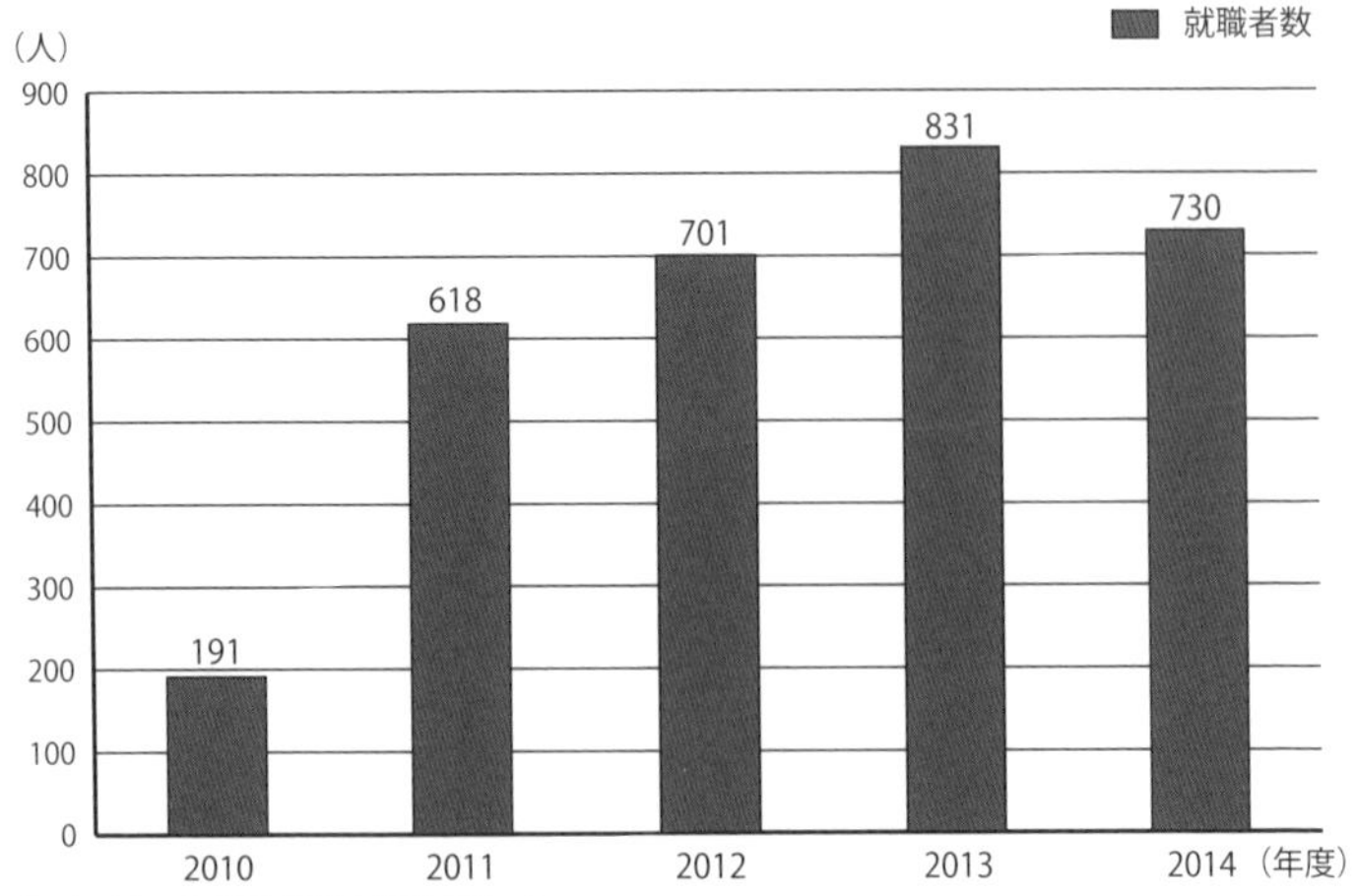

出所：埼玉県福祉部社会福祉課作成

2．アスポート事業の市への移管

アスポート事業の市への移管に向けて

2013年12月に生活困窮者自立支援法が制定され、そのなかで埼玉県が全国に先駆け県全域で取り組んできた学習支援事業が法定任意事業（福祉事務所設置自治体が、地域の実情に応じて任意に実施することができる事業）となり、支援対象も生活困窮世帯の子どもまで拡大した。

埼玉県ではこれに合わせて2010年9月からさいたま市以外の県全域一括で実施してきたアスポート事業を2015年4月から市部は市に移管し、町村部は引き続き県が事業を実施することで、各市と調整をすることにした。

アスポート事業はすでに説明したように2010年9月から就労支援・住宅支援・学習支援

図3　住宅ソーシャルワーカー事業実績

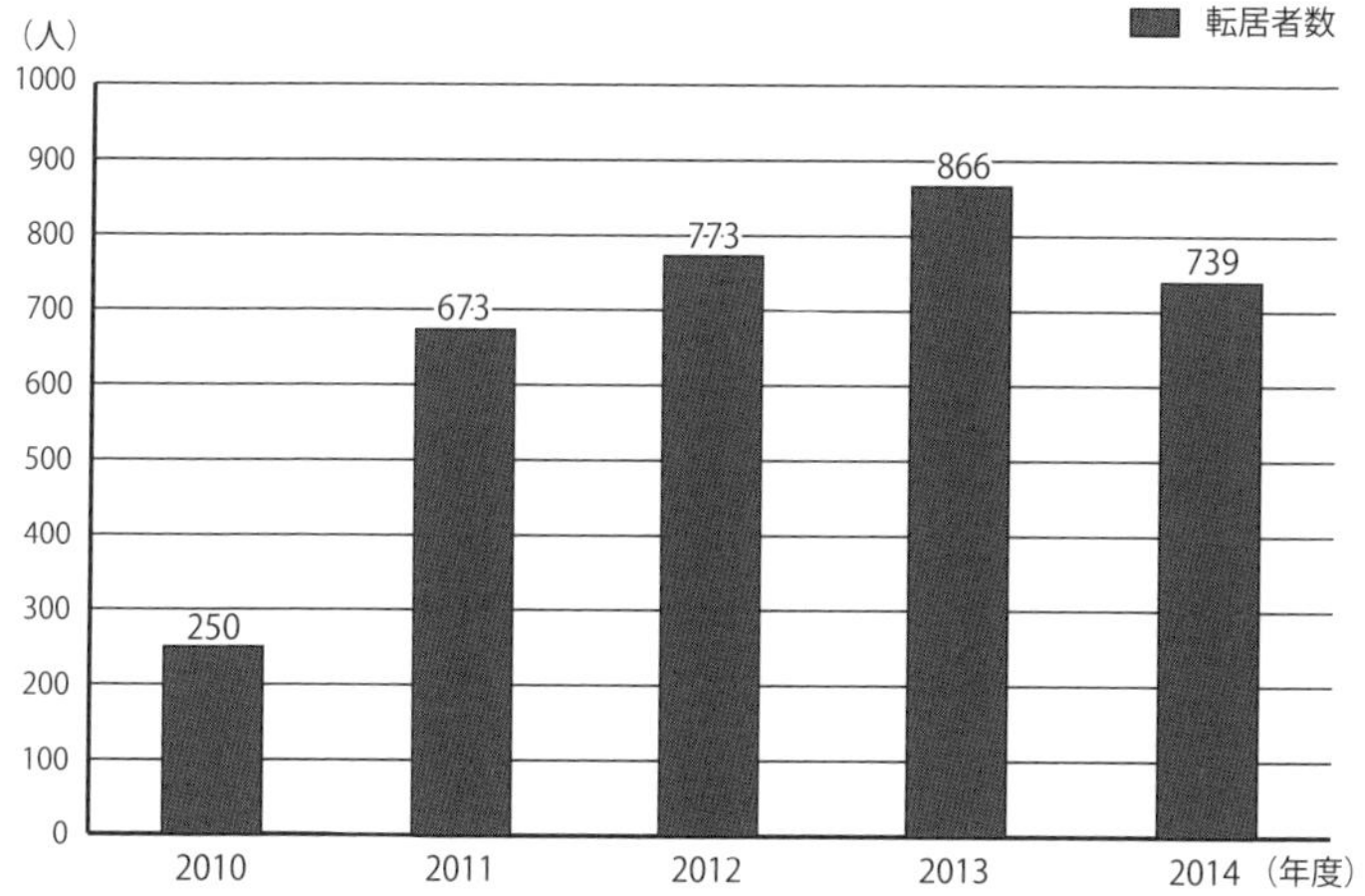

出所：埼玉県福祉部社会福祉課作成

図4　学習支援事業実績（中学生）

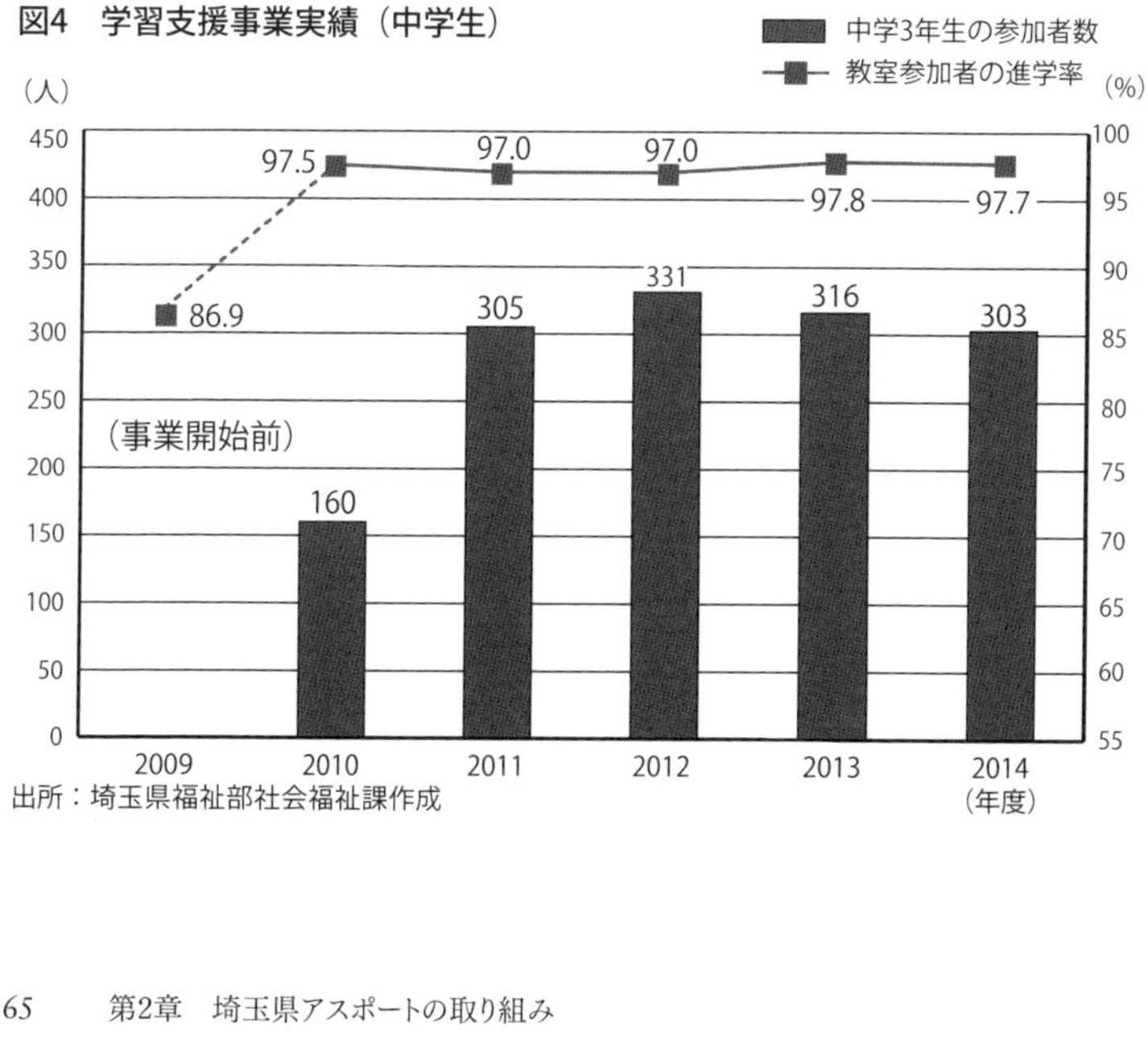

出所：埼玉県福祉部社会福祉課作成

の3本柱で生活保護世帯の自立に向けて大きな成果をあげてきたところであり、ノウハウの確立もできたことから、全ての市で引き続き事業を継続してもらうよう働きかけを始めた。

まずは県の幹部職員が各市の幹部職員を訪問して事業移管について県の考え方をていねいに説明し、その上で市の担当者が集まる会議を開催し、実施に向けてのアンケート調査を行った。

その結果、事業を実施する予定との回答がある一方、「これまで県が事業を実施してきたのだから今後も続けられないのか」「全額国庫ではなくなり、市の財政負担が重いので予算を確保することが難しい」「事業の実施については当面様子を見たい」等の意見も出された。

アンケートの意見にあった市の財政負担についてだが、これは2014年度までは国の全額負担であったため、各自治体が財政負担をすることなく事業を実施できていたが、2015年度からは学習支援事業の補助率が2分の1になるなど、自治体の財政負担が生じている。このため、市も事業実施に慎重にならざるをえない状況であったと思われる。

就労支援・住宅支援・学習支援の全ての事業を継続してもらうことが理想ではあるが、現実的には非常に困難な状況であることが判明したため、どの事業を市に優先して取り組んでもらうか、検討をする必要が生じた。

3つの支援のなかで就労支援は、福祉事務所のケースワーカーに加え、生活保護法の改正で「被保護者就労支援事業」が必須となり、就労支援を専門に行う支援員が配置されるようになり、支援が手厚くなった。

また、無料低額宿泊所の退所支援を中心に行ってきた住宅支援は、市によってニーズに偏りがあったため、全市での実施は無理があった。

これに対し、学習支援は「貧困の連鎖」という全市共通の課題に対応するものである上、支援対象者が子どものため、大人の支援とは異なる専門的な支援スキルが要求される。そのため、ケースワーカーが学習支援まで行うことは過度の負担となり、支援が途切れてしまう可能性が高いと推測された。

高校進学の希望の光が見えてきた子どもたちに、支援が途切れて再び出口の見えない絶望感を味わわせてはいけないという強い思いから、少なくとも学習支援事業については全市で実施してもらえるよう、県として全力で支援することとした。

市に対する支援について

市に対しては、就労支援・住宅支援・学習支援の3本柱での実施を働きかけるようにしたが、前述のとおり全ての事業を市が行うことは困難であるため、学習支援事業に係る支援を手厚くするようにした。

移管をするに当たり、市から、事業実施の財政負担軽減のために県で補助金の創設ができないかとの意見があった。たしかに、補助金が創設できれば事業実施の強力なインセンティブとなる。しかし、県は市を支援する立場であると同時に県内23町村の事業実施主体でもある。県も市と同様に財政負担が生じることになったため、厳しい県財政を考慮すると、上乗せ補助は支援の選択肢から消さざるをえなかった。

財政支援を行う以外の方法で市に事業を行ってもらうために県が実施した支援は次のとおりである。

①支援マニュアルの作成・研修の実施

就労支援・住宅支援・学習支援の3分野の支援員が支援方法をまとめたマニュアルを作成し、支援員が講師となりマニュアルに基づく研修を実施。

②人材育成研修の実施

2015年度から生活困窮者自立支援法が施行されたことに合わせ、県・さいたま市・県社会福祉協議会等で研修チームを編成し、アスポート事業で培われたノウハウも生かしながら、支援員に対して人材育成研修を実施。埼玉県の研修手法は「生活困窮者自立相談支援事業における都道府県研修実施のための手引」(みずほ情報総研株式会社)に紹介された。

③県・市合同プロポーザルの実施

市の事務負担軽減を図るため、県が標準的な業務委託仕様書・契約書等関係資料を作成し、プロポーザル会場の確保、事業者からの質問の取りまとめなどを実施。

④学習支援事業における学生ボランティアの確保・調整

学生ボランティアの確保は市移管後も県が行い、学生ボランティアが必要な市に対しての紹介を実施。

⑤学習教室の共同使用

県と共同で学習教室を希望する市は、共同で使用できるよう調整。

⑥学習支援事業を直営で実施する市に対する訪問支援

学習支援事業を直営で実施する市に対して、県職員と県の事業受託事業者で個別訪問し、意見交換や助言等を実施。

市へのアスポート事業移管後の状況

アスポート事業については2015年4月1日から市に移管し、町村部は引き続き県が実施することになった。

市に対して県としてできる限りの支援を行った結果、アスポート事業を市に移管した2015年度、就労支援・住宅支援を実施したのは8市と少なかったが、中学生を対象とした学習支援については40市全てが実施することとなった。

さらに県内の学習教室数については、県が県全域一括で実施していた2014年度は、県の学習教室17教室、さいたま市の学習教室8教室の合わせて25教室だったが、2015年度には

87教室に増え、2016年度には96教室、2017年度には100教室まで増加し、学習支援が県内全体に広がっていった。

これほどまでに学習教室が急増したのには次の理由があるのではないかと考える。

・学習支援については、2015年4月1日から生活困窮者自立支援法の事業となり、支援の対象が生活保護世帯の子どもだけでなく、生活困窮世帯の子どもにも拡大され、対象者が大幅に増えたため、学習教室を増設する必要が生じた。

・市が学習支援事業の実施主体となったことで事業効果等を直接把握できるようになり、事業の重要性の認識が深まった。

・市が地域の実情に合わせてきめ細かく学習教室を設置するようになった。など

高校進学率や高校中退率についても市への移管後も、高い成果をあげている。

また、近隣市同士で学習教室を相互利用可能としたり、子ども食堂と連携したりして学習だけでなく食の支援も併せて行うなど工夫して事業を展開するようになっており、支援の質の向上も見られるようになっている。

学習支援事業の課題

一方、学習支援事業においても、市への移管後、課題となっていることがある。

一つは家庭訪問（アウトリーチ）をしていない市があること、もう一つは高校生を対象にし

図5　学習教室数

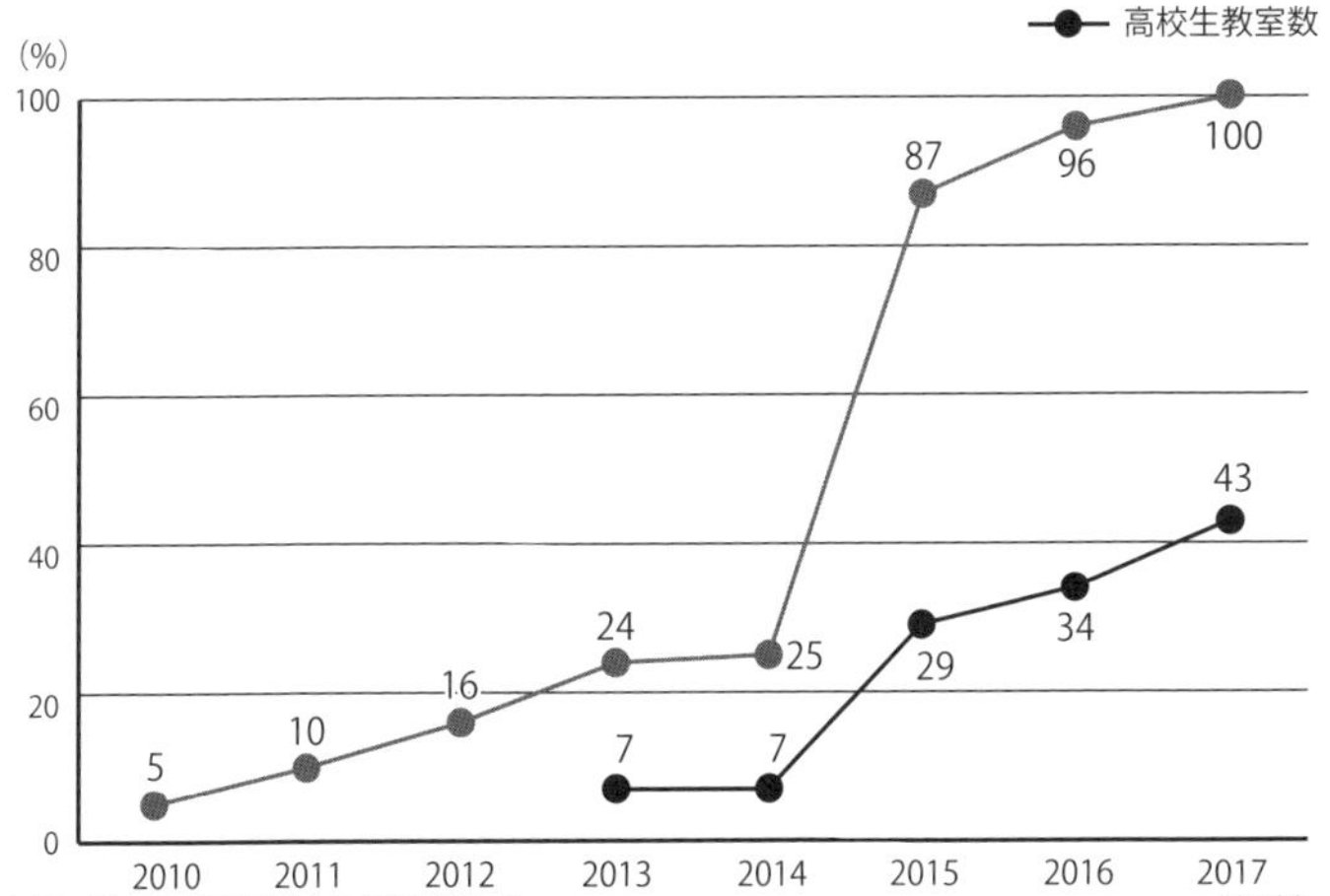

出所：埼玉県福祉部社会福祉課作成

図6　教室参加者の高校進学率及び高校中退率

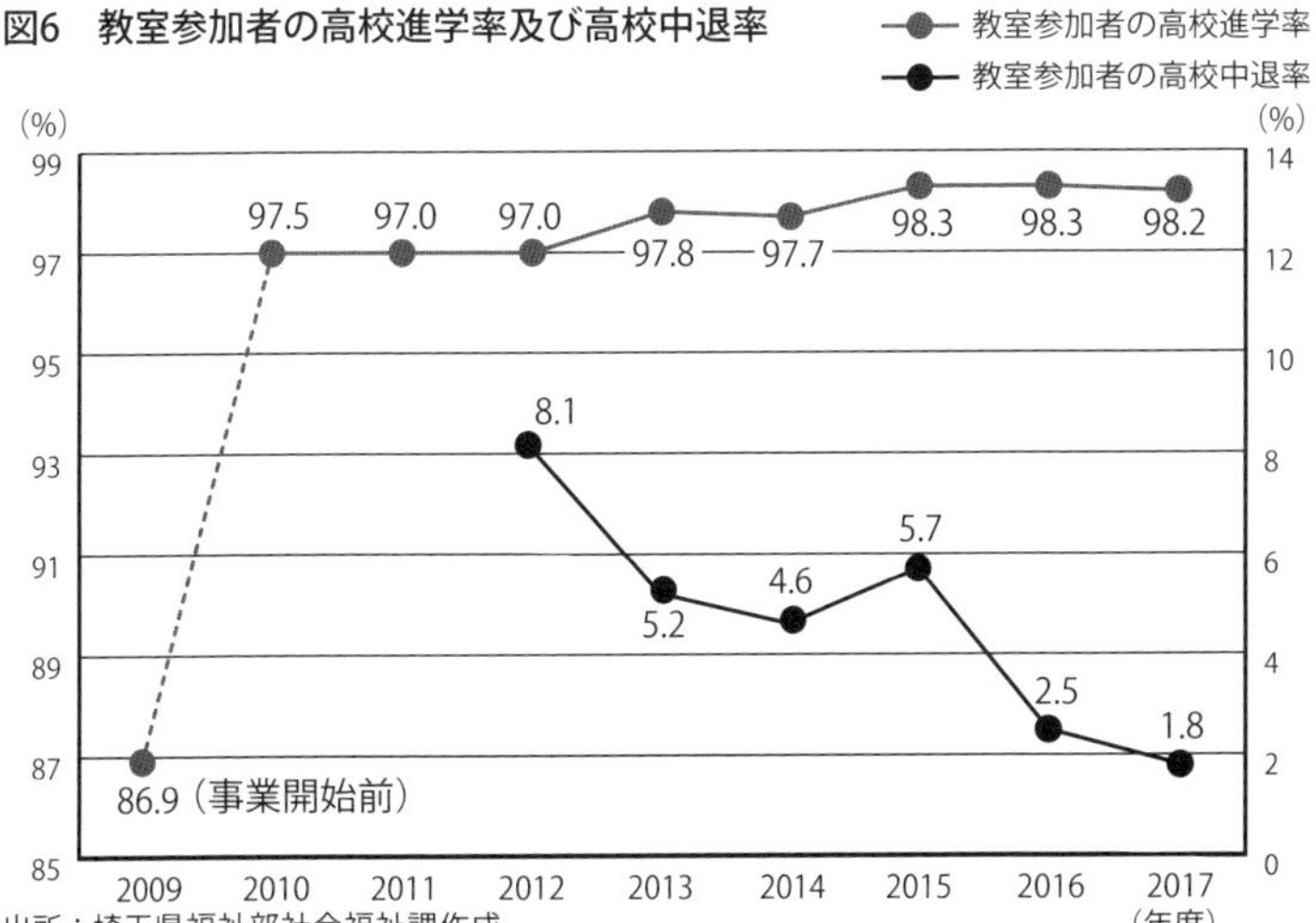

出所：埼玉県福祉部社会福祉課作成

た学習支援（高校中退防止支援）をしていない市があることだ。改めて、その必要性を考えてみたいと思う。

①家庭訪問（アウトリーチ）がなぜ必要か

学習支援は、教室を設置して勉強を教えればそれでいいという単純なものではない。なぜなら、対象となる世帯の子どもは不登校で、自宅から出ることができないなど、様々な問題を抱えているため、学習教室に参加できないことが少なくないからである。

学習教室に参加することができないような環境にある子どもは、貧困が連鎖する可能性が高いと考えている。だからこそ本気で「貧困の連鎖」を断つのであれば家庭訪問は欠かせない。

県から事業を受託し支援に当たっている一般社団法人彩の国子ども・若者支援ネットワークの白鳥代表理事は、家庭訪問の大切さについて次のように述べている。

> 学習支援を始めた頃、驚いたことがあります。平日学校の授業がある時間帯に家庭訪問をすると、家のなかに子どもがいる世帯があまりにも多かったことです。
> 学習教室に来ている子どもの6人に1人は普通に学校に行けない子どもたちです。もし、家庭訪問をして支援につながっていなければ、高校に行くことができず、貧困の連鎖が生じていたであろうと思っています。

こうした子どもに学習支援のチラシを配布しても教室に来ることはありません。学校に行けなくなった子どもは、授業についていけない、テストで低い点しかとれない、宿題も出せないということで学力の低さを自覚し、学習教室に行っても「また恥をかくだけ」と殻にこもってしまいます。

子どもを支える親も病気や過重労働、借金、ＤＶ等の複雑な問題を抱え、子どもの背中を押してあげる余力がないことが多い状況です。

まさに出口の見えないトンネルを歩いているようなものです。だから、こうした親子にチラシを配布して学習教室の参加を呼びかけてもうまくいきません。

子どもの苦しい胸の内に共感し、時間を共有するなかで、「自分のことを心配してくれる大人がいる」ことをわかってもらい、訪問のなかで勉強を教えます。

計算問題が解け、嬉しそうな表情を浮かべる子どもとそれを見守る親に対し、「学習教室では、このように個別に教える」ことを伝えると安心した顔になります。

やがて「学習教室に行ってもいいかも」と子どもの気持ちに変化が生じ、自然に自分の意志で学習教室に足を向けてくれます。

家庭訪問は時間もかかるし、支援員の負担も大きい。チラシを見て学習教室に来る子どももいるし、その子どもたちを支援することも大切です。

しかし、貧困の連鎖を本気で断つのであれば、「学習教室に来ることができない子どもにも支援の手を差し伸べなければならない」。これが支援をしていて、昔も今も変わらない強い思いであります。

②高校生支援（高校中退防止支援）はなぜ必要か

高校は中学校と異なり義務教育ではないので、学業不振や出席日数が不足すると卒業できなくなる。

すでに述べたように学習支援の対象となる子どもは家庭に複雑な問題を抱え、勉強に集中できる環境ではないことが多く、こうした背景から低学力につながり、高校に進学できても卒業できず、中退してしまうことがある。

高校中退は中学校卒業（中卒）と同様に将来の選択肢が狭められ、貧困が連鎖する可能性が高くなる。

「子どもが高校を卒業して将来に夢が持てるよう支援しなければならない」。

これが埼玉県の出した答えである。そして白鳥代表理事は次のように語る。

私は、教師生活の30年近くを教育困難校で過ごし、たくさんの生徒が高校を中退してしまうことを目の当たりにしてきました。

生徒の置かれている状況を理解すればするほど、「高校を中退してしまうのは本人の努力不足ではない。環境さえ整えば、頼れる大人さえいれば、卒業させてあげられたはず」との思いが強くなりました。

学習支援をしていると、高校に進学できても卒業できるかどうか、心配な子どもが多いと感じています。実は子どもにとって、学校に行くことは大変大きなエネルギーが必要なのです。

①身だしなみを整える
②宿題ができている
③朝ご飯がある
④「いってらっしゃい」と見送ってくれる家族がいる
⑤学校に好きな友だちや先生がいる

などの要件が揃って、はじめて学校に向かう気持ちが出るのです。

普通に学校に行ける子どもは当たり前にそれがあります。しかし、そうではない子どももいます。家庭の抱えている問題が大きいほど、当たり前が当たり前でなくなります。だから、我々は、学校に行くことができるよう、朝迎えに行ったり、時には朝ご飯をつくったりもします。学校行事に支援員が行くこともあります。勉強を教えるだけの支援では済まない実態がそこにはあります。

埼玉県が始めた高校生支援は、私が教師生活でずっと持っていた思いを実現する場でもあります。だから、「ぜったいに見放さない」という信念を持って子どもに接しています。

③学習支援特別研修

県が市に事業を移管した2015年度から、学習支援に特化した研修を実施している。研修の中心は、白鳥代表理事をはじめとする学習支援員・学生ボランティア・学習教室の卒業生などからの話を聴いて、単に勉強を教えるだけではない学習支援への理解を深めることにある。そのなかで、家庭訪問や高校生支援の効果や必要性も、全ての市に理解してもらい実施してほしいと考えている。

学習教室の卒業生の発表（作文朗読）
―2016年10月24日（月）「学習支援特別研修」にて―

私が学習教室に通い始めたのは、中学2年生の時でした。初めの頃は、勉強が得意な方でなかったので、不安と緊張でいっぱいでした。でも、その緊張を吹き飛ばすくらい、学習教室には明るくておもしろい先生がたくさんいました。そのおかげでいつも教室に行くのが楽しみになりました。

学習教室にはたくさん先生がいて、学校とは違い、1対1で勉強を教えてもらえるので、わからない所も気軽に質問することができ、少しずつ勉強の楽しさを知ることができました。そして、学習教室では、勉強以外に進路のことなどでたくさんお世話になりました。

私の家は母子家庭だったので、親に心配をかけたくないという気持ちがあり、いつも一人で悩みを抱え込み、先が見えない状態でした。しかし、その時にいつも、そばで相談に乗ってくれて、アドバイスをくれたのは、学習教室の先生でした。先生は、自分のことのように悩み、一緒に考えてくれ、そばで支えてくれ、応援してくれました。

私は、学習教室で勉強だけでなく、たくさんのことを学ばせていただきました。それは、「人を頼っていい」ということ、そして「私は決して一人ではない」ということです。高校受験の時も、就職の時も先生は見守ってくれました。それは何よりも誰よりも心強く、私自身も、自分のために頑張ろうではなく、今まで支えてきてくれたみんなのために頑張ろうという想いでやってきました。

学習教室で今まで助けてくれた先生には「ありがとう」の言葉じゃ足りないくらいの感謝の気持ちでいっぱいです。

学習教室に通えたこと、先生方に出会えたことを嬉しく思い、誇りに思います。

町村部のアスポート事業について

町村部については引き続き県がアスポート事業を実施していたが、２０１５年度から生活困窮者自立支援法が施行されたので事業体系の見直しをした。

生活困窮者自立支援制度は生活保護を受ける状態（要保護状態）になる前から支援を開始するものだが、この制度と生活保護受給世帯を対象に自立支援をしていたアスポート事業とで一体的に取り組むことができるよう、就労支援・住宅支援・学習支援の３本柱を自立相談支援・就労支援・学習支援の３本柱に組み替えた。

生活困窮者自立支援制度における支援と生活保護制度における支援を切れ目なく行い、併せて自立相談支援・就労支援・学習支援を一体的かつ効果的に行うために埼玉県では以下を実施した。

①自立相談支援・就労支援・学習支援の3系統による事業委託

埼玉県では生活困窮者の自立支援と生活保護受給者の自立支援を一体的に実施するため、自立相談支援・就労支援・学習支援の３系統で事業を委託している。

さらに、３系統が連携して一体的に支援が行えるよう、毎月、県（本庁・福祉事務所）と生活保護制度および生活困窮者自立支援制度の受託事業者が集まり、情報共有や支援に当たっての課題検討等をしている。

図7　埼玉県（町村部）の生活保護受給者と生活困窮者に対する一体的支援体系

埼玉県（町村部）では、生活保護受給者および生活困窮者に対する自立支援を「自立相談支援」、「就労支援」、「学習支援」の３系統に分け、支援が途切れないよう一体的に事業委託により実施している。

毎月、県（社会福祉課・福祉事務所）と受託事業者の責任者との会議を実施し、情報共有・進捗状況確認・課題対応等を行っている。

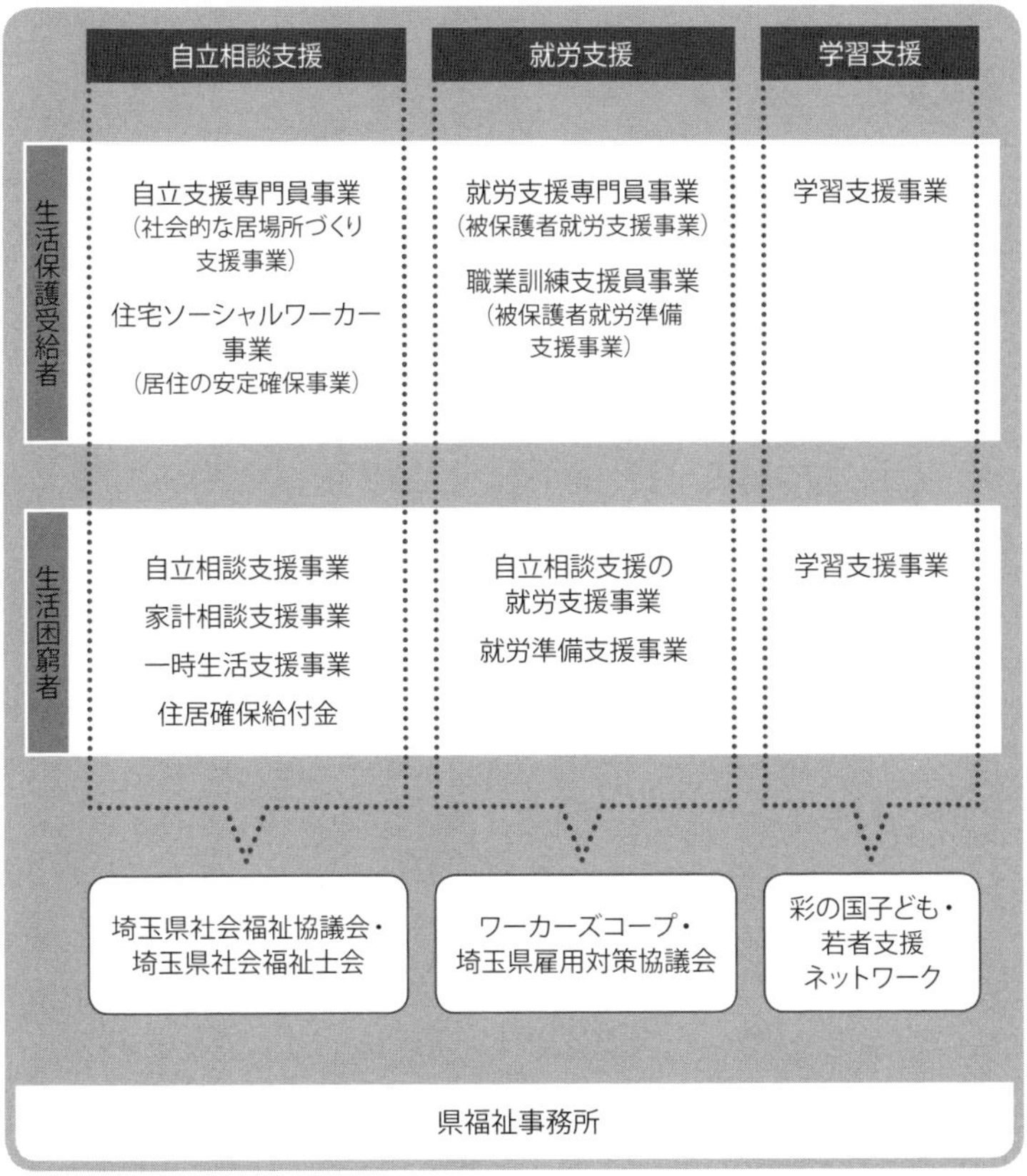

出所：埼玉県福祉部社会福祉課作成

②県と町村との連携

生活困窮者の早期発見や生活保護受給者を含めた自立支援は町村との連携が不可欠である。

このため2015年度から県と受託事業者でチームを組み、毎年度、全町村を個別に訪問し、町村の関係課、社会福祉協議会、民生委員などに対し、制度の研修や支援内容の説明、意見交換を行うことで、「顔の見える関係」を築くようにしている。なお、埼玉県のこの取り組みは先進事例として「生活困窮者自立支援制度の円滑な運用に向けた都道府県のあり方に関する調査研究報告書（一般社団法人北海道総合研究調査会）」で紹介された。

また、学習支援事業については就学援助を受けている世帯の子どもを対象にしたので、町村部の教育委員会と連携して、就学援助の支給決定通知に学習支援のリーフレットを同封してもらうなどしている。

第3章　アスポート就労支援の成果

四方理人
金井　郁

1．職業訓練支援員事業

生活保護受給者への就労支援

本章では、埼玉県のアスポート事業の職業訓練支援員事業の利用者データ、職業訓練事業者への聞き取り調査から、就労困難者の特徴を明らかにし、その就労困難者に対する就労支援の成果についての考察を行う。

２０１０年から実施された職業訓練支援員事業とは、生活保護受給者を対象とした就労支援プログラムである。そのため、２０１５年に導入された生活困窮者自立支援制度における就労準備事業や就労訓練事業とは異なる。しかし、就労困難者に対する就労支援という点では類似性もあり、アスポートの事業の経験から得られる知見は多い。

職業訓練支援員事業では、職業訓練支援員が職業訓練の受講から再就職まで一貫して支援することが特徴である。生活保護受給者のうち、就労支援の対象となった人たち（以下、支援対象者）は就労意欲が低い、職務経験が少ない、あるいは健康状態が良くないなどの問題を抱えていることが多い。職業訓練支援員がそれぞれの支援対象者に合った支援を行うことが何より重要である。

そのため、支援の方法は多岐にわたっている。就労の可能性が高い場合は、生活保護の自立支援プログラムで一般的に行われているハローワークへの同行や就職面接の指導のほか、基金訓練や求職者支援制度の職業訓練(1)へつなぐことなどが行われる。その一方で、就労まで時間がかかりそうな場合は、アスポート独自の職業訓練や、企業や事業所で実際に働く「就労体験」を行うこともある。

アスポート独自の支援の模索

職業訓練支援員事業を開始した当初は、基金訓練につなげることを主な支援内容としていた。しかし図1からわかるように、2011年10月に求職者支援制度へ変更される前後より、職業訓練支援員事業から同制度を利用する者は大幅に減少してしまった。

事業を遂行しているワーカーズコープによると、その理由として、基金訓練時より訓練内容の種類が大幅に減ったこと、求職者支援制度以降、訓練機関に求められる受講者の就職率が高く設定されたことなどがあげられている（制度の詳細については、第6章を参照）。

図1　アスポートからの求職者支援制度（基金訓練）への申込件数と受講件数

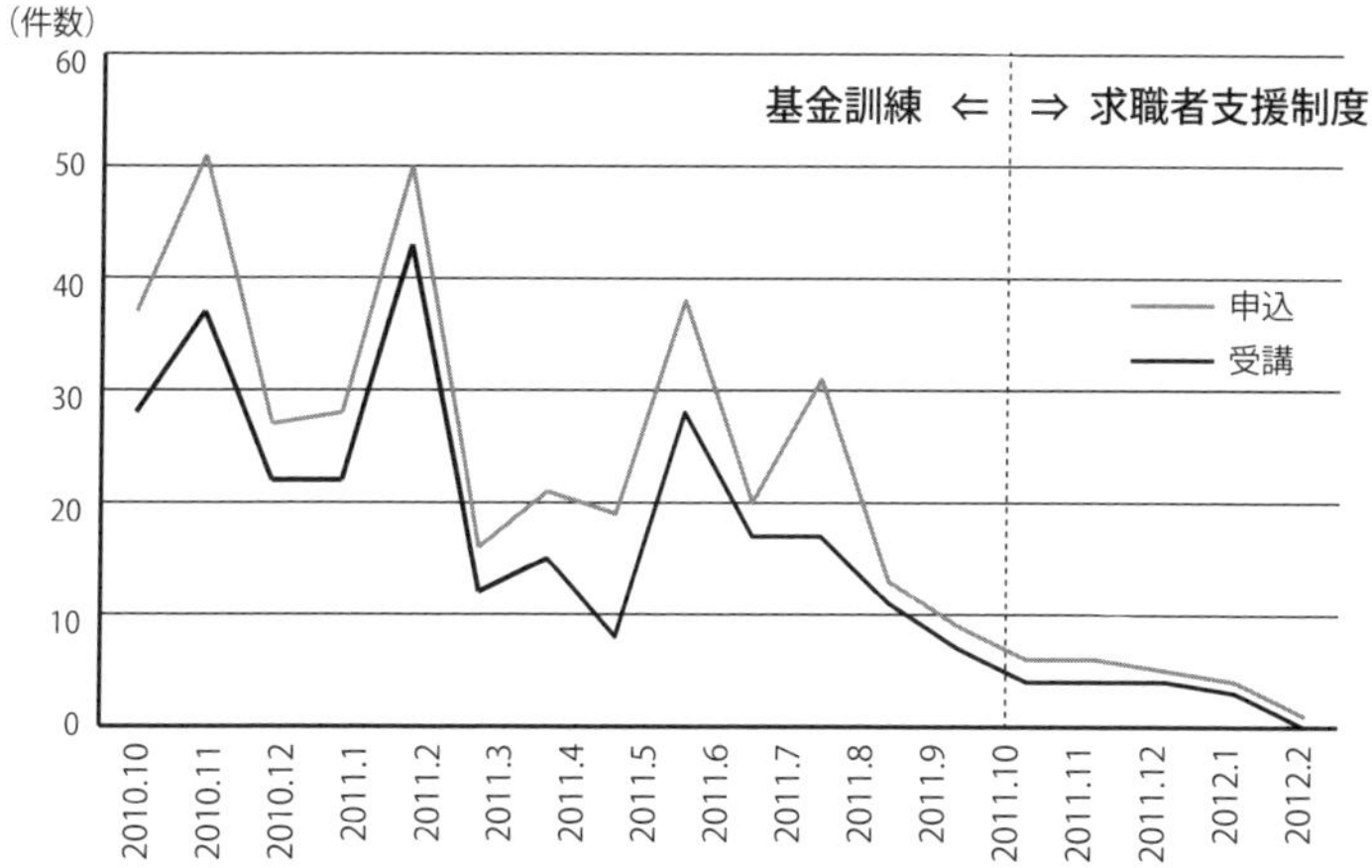

出所：埼玉県アスポート職業訓練支援員事業支援対象者データから筆者作成

そこで２０１１年度以降は、職業訓練支援員事業のなかで、基金訓練に代わるアスポート独自の訓練を整えた。

職業訓練支援員事業では、履歴書の書き方や面接の受け方をアドバイスし、ハローワークの利用方法を助言するといったことが中心であった従来の就労支援からさらに一歩進めて、座学から就労体験まで様々な技能講習を体系化した。また種類を増やすことで、訓練内容をさらに充実させ、職業訓練のコース化なども実施した[2]。そして、生活保護受給者がこうした職業訓練を受講し、就職活動におけるアピールポイントを増やすことをめざした（埼玉県アスポート編集委員会、２０１２）。

2．支援対象者の属性と支援の効果

支援対象者の基本属性

次に、職業訓練支援員事業の支援対象者の属性（特徴）を見てみよう。

支援対象者は、傷病等のやむをえない事由がないにもかかわらず、教育も受けず、就労も職業訓練もしていない50歳未満の生活保護受給者および申請者と福祉事務所が必要と認める者である。福祉事務所は、50歳未満の障害や疾病がなく働くことができる、すなわち稼働能力を持つ者について、原則として全員から同意書を徴収し、アスポートに情報提供を行うよう求めている。また、「福祉事務所が必要と認めた者」であれば、50代以上、疾病や障害がある者も対象となる。一方、就労にすぐに結び付くと考えられる人は、福祉事務所の就労支援員が担当する場合もあり、「職業訓練支援員事業」の対象にならないこともある。その判断は福祉事務所によって異なっている。

本稿での使用データは、事業が開始された２０１０年9月から２０１２年3月末までの支援対象者のうち、職業訓練支援員と面接を行った者となる。

まず、職業訓練支援員と初回の面接を行った者について基本属性（特徴）を確認すると、性別では男性が70・9％、女性が29・1％と男性が約7割を占めている。年齢階層は40代が31・2％で最も多く、続いて50代の25・9％、30代18・5％である。生活保護受給者全体の年齢階層と比べると、支援対象者は30代と40代の割合が高い。前述したように、もともと職業訓練支援員事業が想定している支援対象者が、主に50歳未満であるためといえるが、40代以下の者が6割を占めているものの、50代で25・9％、60代以上で16・0％の者が職業訓練支援員事業の支援対象者となっている。福祉事務所が「就労可能」と考える判断基準が、高齢者にも及んでいることがわかる。

世帯類型別で見ると、「その他の世帯」の割合が64・2％、次いで母子世帯14・9％、傷病者世帯14・7％、障害者世帯2・7％、高齢者世帯3・4％となっている。支援対象者は稼働世帯として想定される「その他の世帯」の割合が高くなっている。とはいえ、傷病者世帯が約15％を占めており、福祉事務所が「就労可能」と考える判断基準に傷病者が一定程度含まれていることがわかる。

支援対象者の学歴を見てみると、中卒36・6％、高校中退13・2％と約半数の者が高校を卒業していない。一方、大学、短大、高専は合わせても5・5％だけであり、低学歴の者の割合が著しく高い。

そして、傷病で通院している者の割合は29・3％、障害者手帳を持っている割合は4・5％となっており、一般に就労に困難を抱えると考えられている場合も支援対象者となっている。たとえ就労可能とみなされる支援対象者であったとしても、何らかの就労を阻害する要因を抱えている者が多いことがわかる。

表1　男女別、就労・保護廃止状況　（単位：％）

	支援中	就労開始	就労・保護廃止	その他支援中止	計	N（人）
男　性	66.9	19.8	6.1	7.2	100	1355
女　性	61.1	28.5	3.6	6.7	100	579
計	65.2	22.4	5.4	7.0	100	1934

出所：埼玉県アスポート職業訓練支援員事業支援対象者データから筆者作成

支援と就労状況の関係

次に、支援対象者のうち初回面接以外に一度以上の支援を受けた者について、２０１１年度末の就労状況の考察を行う。ここでいう支援とは、面接やハローワークへの同行など、職業訓練支援員が対象者に会って何らかの支援を行ったことを指している。

支援対象者の就労の状態を、「支援中」「就労開始」「就労・保護廃止」「その他支援中止」に区分した。「支援中」とは、就労に至らず支援を継続している対象者である。「就労開始」とは、雇用形態にかかわらず雇用されたものの、同期間中には保護の廃止には至っていない場合とし、「就労・保護廃止」は、就労により保護の廃止となった場合とした。「その他支援中止」とは、就労以外の理由による保護の廃止もしくは、傷病等により支援の継続ができなくなった場合を指している。また「就労開始」の場合でも、保護廃止となり支援対象から外れない限り、支援自体は継続している。

表１は、男女別に見た就労・保護廃止の状況である。同事業

表2　生活保護受給期間別、就労・保護廃止状況　（単位：%）

	支援中	就労開始	就労・保護廃止	その他支援中止	計	N（人）
半年未満	62.1	23.2	6.9	7.8	100	565
半年以上 1 年未満	66.3	22.4	4.5	6.7	100	419
1 年以上 2 年未満	61.0	25.6	7.3	6.1	100	426
2 年以上 3 年未満	70.6	16.2	3.4	9.8	100	265
3 年以上	66.5	25.3	2.7	5.5	100	182
計	64.5	22.8	5.5	7.2	100	1857

出所：埼玉県アスポート職業訓練支援員事業支援対象者データから筆者作成

の支援対象者は、男性が2倍以上多くなっている。就労状況については、男性より女性の「就労開始」の割合が8・7%高くなる一方で、就労による保護の廃止は、男性が女性より2・5%ほど高い。女性は、男性より職に就く割合は高いが、保護の廃止に至る職には就きにくいことが推察される。

表2は、生活保護の受給開始から初回面接までの期間別に、就労・保護廃止の状況を見たものである。支援対象者の人数（N）は、保護受給期間が1年未満の者がいちばん多く、期間が長くなるにつれ徐々に減少している。

受給期間別に就労開始した割合を見ると、受給期間が長くなるほど少なくなるという傾向は見られない。2年以上3年未満の16・2%を除くと、大きな差がないといえる。すなわち、従来、保護を受ける期間が長くなるほど就労しづらくなると考えられてきたが（支援の現場では、「鉄は熱いうちに打て」という表現も用いられる）、本稿のデータからは、受給期間が長くなるほど「就労開始」が低下するわけではないことが見てとれる。

表3　世帯類型別、就労・保護廃止状況　（単位：%）

	支援中	就労開始	就労・保護廃止	その他支援中止	計	N（人）
高　齢	71.4	21.4	0.0	7.1	100	14
母　子	54.0	35.7	2.7	7.6	100	291
傷　病	71.1	17.4	5.0	6.4	100	218
障　害	61.2	30.6	4.1	4.1	100	49
その他	66.5	20.1	6.3	7.0	100	1294
計	65.0	22.5	5.5	7.0	100	1866

出所：埼玉県アスポート職業訓練支援員事業支援対象者データから筆者作成

しかしながら、就労による保護廃止の割合は、保護の期間が2年以上となると、2年未満より低くなる。保護廃止となるだけの就労を行うことは、生活保護の受給期間が長くなると困難になる可能性がある。ただし、保護期間の長い支援対象者については、就労による廃止が容易な者はすでに抜けており、もともと就労が困難であった者が滞留していることが考えられる。すなわち、保護の期間が長くなるために就労による保護の廃止が困難となるのではなく、就労による廃止によって支援対象者が減ったことで、困難な者の受給期間が見かけ上長くなっていることも考えられる。

表3は、世帯類型別に見た就労・保護廃止の状況である。高齢者世帯は、支援対象者自体が少ないため参考として載せている。主な支援対象者は、母子世帯、傷病者世帯、その他の世帯となっている。母子世帯は、「就労開始」が35・7%と他の世帯類型より高くなっているが、「就労・保護廃止」の割合は2・7%と低い水準となっており、就労はするものの、保護の廃止に至るのは難しいといえる。傷病者世帯の場合は、「就労

表4　年齢階層別、就労・保護廃止状況　（単位：%）

	支援中	就労開始	就労・保護廃止	その他支援中止	計	N（人）
～29	56.1	26.9	7.0	9.9	100	171
30～34	54.3	33.3	6.2	6.2	100	129
35～39	61.0	25.5	6.9	6.5	100	231
40～44	60.5	24.0	6.9	8.6	100	304
45～49	67.7	22.7	4.8	4.8	100	313
50～54	74.4	14.0	4.2	7.4	100	215
55～59	71.3	19.5	3.3	5.9	100	272
60～	71.4	16.2	4.3	8.1	100	210
計	65.4	22.2	5.4	7.0	100	1845

出所：埼玉県アスポート職業訓練支援員事業支援対象者データから筆者作成

開始」が17・4%と最も低いが、「就労・保護廃止」が5・0%と他の世帯より低くはない。支援対象者であっても、傷病により働けない者が多いが、傷病が癒える段階では保護の廃止につながる就労が可能となると考えられる。障害者世帯は、「就労開始」の割合自体は低くないが、「就労・保護廃止」の割合は低い。そして、一般に就労可能と見られているその他の世帯は、比較的「就労開始」の割合が低いが、「就労・保護廃止」の割合が高くなっている。就労のための能力が高く、保護の廃止に至るような、フルタイムで一定程度の収入が期待できる就労が可能な者もいれば、就労が非常に困難な者など、多様な者が含まれていると考えられる。

表4は、年齢階層別に見たものである。「就労開始」の割合については、30代前半が最も高く、その後徐々に低下していく。特に50代以上になると「就労開始」の割合が20%以下となり、年齢が高い者にとって就労が厳しい状況であることがうかがえる。「就労・保護廃止」については、40代前半までは6～7%の水準であるが、その後年齢が上がるにつれ低下していく

表5　学歴別、就労・保護廃止状況　（単位：%）

	支援中	就労開始	就労・保護廃止	その他支援中止	計	N（人）
中学卒	63.8	23.2	4.5	8.5	100	624
高校中退	59.8	27.2	7.6	5.4	100	224
高校卒	64.9	23.0	5.1	7.0	100	661
短大・高専卒	64.0	24.0	8.0	4.0	100	25
大学卒	67.1	15.2	11.4	6.3	100	79
大学・短大・高専中退	66.7	16.7	13.6	3.0	100	66
専門学校	68.8	17.5	2.5	11.3	100	80
計	64.2	22.8	5.7	7.3	100	1759

出所：埼玉県アスポート職業訓練支援員事業支援対象者データから筆者作成

傾向にある。「就労開始」および「就労・保護廃止」については、やはり比較的若い年齢層で生じやすく、特に、50代以上の年齢では就労が困難となっていることが見てとれる。

学歴別に見たものが、表5である。先に述べたように、中学卒もしくは高校中退が、支援対象者の半数以上と一般の学歴構成とは大きく異なっている。短大や大学を卒業している者は10%に満たない。学歴別の「就労開始」や「就労・保護廃止」状況は、中学卒と高校卒で差が小さく、生活保護受給者については、教育水準が高くなるほど就労しやすいとは限らないことが見てとれる。一方で、大学卒の場合は、「就労開始」の割合が他の学歴より低いが、「就労・保護廃止」の割合が高くなっている。就労困難な要因が解消された高学歴層では、保護の廃止が可能な収入を確保できる職に就きやすいといえるだろう。

職業訓練支援員事業の支援・訓練状況

以下では、前項と同じく、初回面接とは別に1回以上の支援を受けた者について、支援および訓練状況の考察を行う。ここ

表6　就労・保護廃止状況別に見た支援回数

	就労までの支援回数		就労後の支援回数		全支援回数	
	平均	標準偏差	平均	標準偏差	平均	標準偏差
支援中	6.41	6.76	0.00	－	6.42	6.77
就労開始	6.88	6.26	2.10	3.87	8.67	7.77
就労・保護廃止	6.30	6.86	0.64	1.92	6.79	7.76
その他支援中止	4.93	4.76	0.00	－	4.93	4.76
計	6.41	6.55	0.51	2.07	6.86	7.03

出所：埼玉県アスポート職業訓練支援員事業支援対象者データから筆者作成

でいう支援も、面接やハローワークへの同行など、職業訓練支援員が対象者に会って何らかの支援を行ったことを指している。また訓練状況については2011年度までの支援対象者のデータから分析を行うため、2012年度に新たにつくられた訓練コースの就労への影響を見ることはできないが、2011年度までに実施されていたアスポート独自の職業訓練は含まれる。

表6は、就労・保護の廃止状況別に見た支援回数である。「支援中（就労していない）」「就労開始（廃止を伴わない）」「就労・保護廃止」「その他支援中止」の4区分ごとの支援回数の平均と標準偏差を、就労開始までの支援回数と就労開始後の支援回数に分けて載せている。まず、全支援回数（平均）については、「支援中」より「就労開始」で多くなっている。しかしながら、「就労開始」の場合の就労を開始するまでの支援回数と、「支援中」の場合の支援回数には大きな差がない。また、「支援中」、「就労開始」、「就労・保護廃止」のいずれも、就労を開始するまでに平均的には6～7回の支援を受けている。し

表7　訓練状況別、就労・保護廃止状況　（単位：％）

	支援中	就労開始	就労・保護廃止	その他支援中止	計	N（人）
基金訓練	56.2	30.9	6.8	6.0	100	265
アスポート独自訓練	63.4	27.8	5.4	3.3	100	331
訓練経験なし	67.0	20.0	5.1	7.9	100	1383

出所：埼玉県アスポート職業訓練支援員事業支援対象者データから筆者作成

たがって、支援回数の増加がそのまま「就労開始」や「就労・保護廃止」につながるとはいえず、就労が困難な対象者ほど多くの支援を行う場合もあると考えられる。ただし、各支援対象者に対する支援回数の散らばりを表す標準偏差は大きく、どの区分においても支援回数が少ない者から多い者まで、支援の状況は多様なものとなっていることがわかる。

また、職業訓練支援員事業では、就労開始後も保護の廃止に至るまでは継続して対象者に支援を行っていることがデータから確認される。

表7は、基金訓練（2011年10月以降は求職者支援訓練）およびアスポート独自訓練などを実施した場合の就労と保護の廃止状況を見たものである。アスポート独自訓練には、基金訓練以外の民間の訓練機関、埼玉県や職業訓練校の職業訓練コース、アスポートの職業訓練や就労体験といったものが含まれている。

まず、「就労開始」の割合については、訓練を受けていない場合より、基金訓練を受けた場合は10％以上、アスポート独自

図2　支援開始後の就労開始・就労による保護の廃止の月数別出現割合

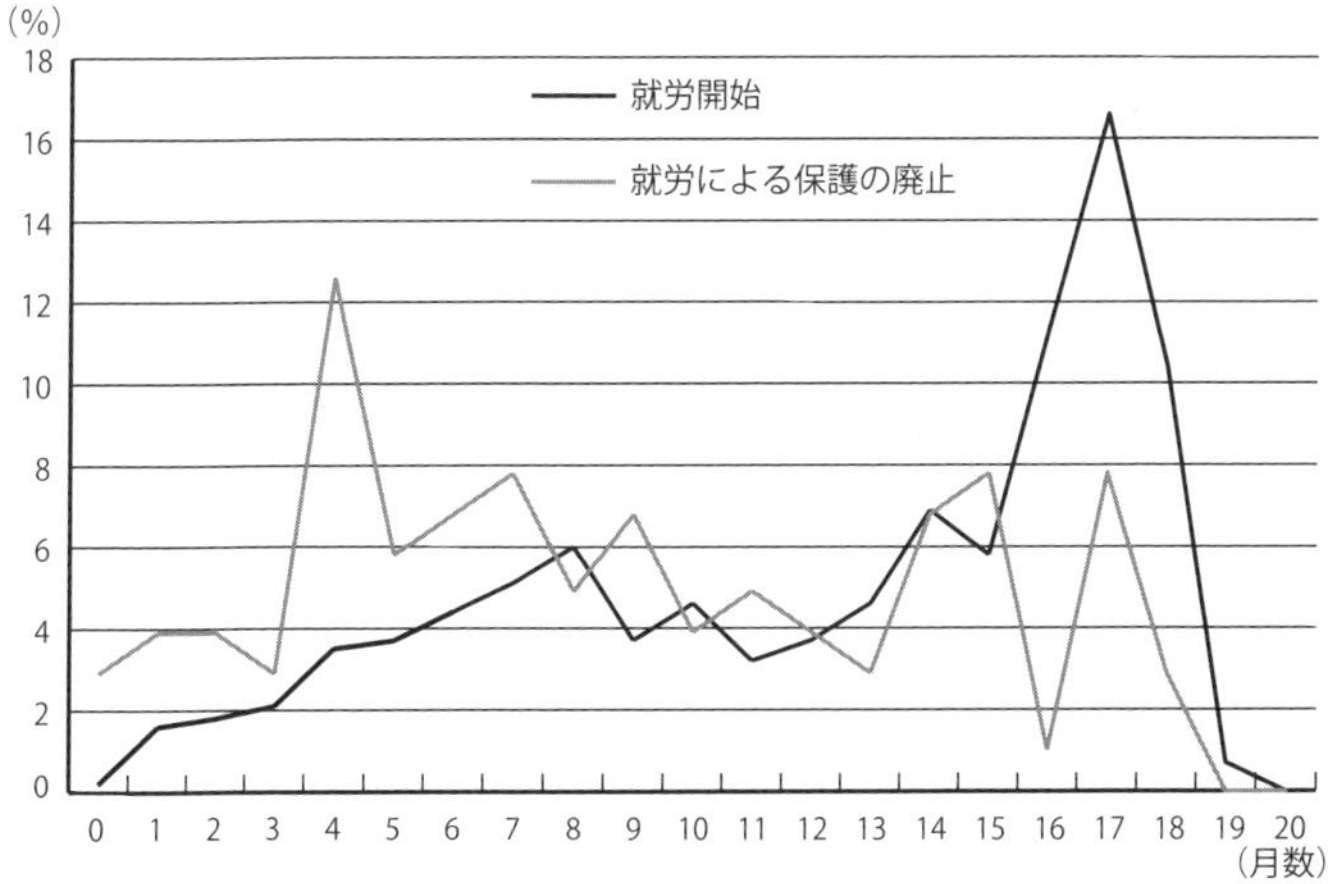

出所：埼玉県アスポート職業訓練支援員事業支援対象者データから筆者作成

訓練を受けた場合は8%程度高くなっている。

一方、就労により保護の廃止につながった「就労・保護廃止」の割合は、基金訓練を経験した場合、若干高くなっているが、アスポート独自訓練の場合は、訓練を受けていない場合との差は小さい。したがって、基金訓練であっても、アスポート独自訓練であっても、就労の開始にはつながっているが、アスポート独自訓練については、保護の廃止に至るまでの影響は小さいといえる。

支援開始から、何カ月目で就労を開始したか、および就労による保護の廃止が発生したかを見たものが図2である。支援開始からの月数別に、調査期間内に保護の廃止に至らない就労の開始（「就労開始」）と保護の廃止に至った就労（「就労による保護の廃止」）が生じた割合を、それぞれ見たものである（その割合を総計すると100％になる)。

まず、「就労による保護の廃止」については、支援開始後4カ月経った時点にピークが存在し、その後低下する傾向にある。一方、保護の廃止に至らない就労開始については期間が長くなるにつれ、徐々に増加しており、17カ月時点でピークになっている。なお、先に述べたように、支援期間は最長で20カ月のデータを使用しているため、調査時点では19カ月以降で就労開始した者はほとんどいない。

したがって、「就労による保護の廃止」となる者の多くは、そもそも就労が困難な要因が少なく、支援開始の初期に生活保護から抜けると考えられる。しかし、就労のための潜在的な能力が高い者が抜けた後は、保護の廃止につながる就労は生じにくいといえる[3]。一方で、保護の廃止に至らない就労については、支援開始から1年以上経ってから多く発生しており、就労困難な要因を抱えていた支援対象者に対して、長い時間をかけた支援によって就労開始に結び付いている状況が推察される。

3. 職業訓練支援員のヒアリングから見る支援の現場

第1段階：意欲が高まるのを待って

前節から、生活保護受給者への就労支援は、まだ就労に結び付いていない支援中の場合、就労できた場合、保護廃止に結び付いた場合のいずれにおいても、平均で6～7回の支援であり、回数に大きな差はないことがわかった。また、訓練の内容について見ると、短期間の実技や就労体験が中心となるアスポート独自訓練は、長期間の座学を中心とする基金訓練と比べ、保護の廃止は難しいが、就労開始には効果があることがデータでは示された。また、支援開始直後より、開始後12～18カ月経ってから就労開始する者の割合が高い（図2参照）。このような、就労開始に長期間かかる支援の特徴がなぜ生まれてくるのかは、データのみでは十分に理解できないだろう。

そこで、本節においては、職業訓練支援員事業において、就労になかなか結び付かない層に対する支援がどのように行われているのか、また、職業訓練がどのような意義を持つものとして用いられているのかを、職業訓練支援員への聞き取り調査(4)から考察する。

就労に結び付きにくい層への就労支援が、具体的にどのように行われているのか、支援対象者をどのように見ているのかという点について、アスポートの職業訓練支援員は、次のように説明している（読みやすいように、一部改変、以下同）。

まず連絡をとり合うのがハードルになっている人が多いので、電話をかけ、家に行き、とにかく話を聞くところから始まる。ちょっと外に出る気になって、そして外に出てきさえしてくれれば、複数の支援員が関われるので、エネルギーを集中することができる。皆さん一人で頑張っているので孤独感があるでしょう。保護が長ければ長いほど、打ちのめされている期間も長いので、そこはていねいに、時間をかけることも必要。（アスポート職業訓練支援員）

どの段階でその気（働く気）になるのかは人それぞれ。こういうところに行ってみないかとこちらが言うと行く人もいるし、面談を繰り返していろいろ紹介した後でちょっと動いてみるという人もいる。時間をかなり割《さ》いてつき合っていって、その次どうするかが問題。（アスポート職業訓練支援員）

支援員は、電話や訪問といったアウトリーチにより対話を繰り返すことで、支援対象者本人が「動き出す」ことを重要視していることがわかる。ただし、支援員から見ると、支援対象者が動き出すポイントは「人それぞれ」であるようである。

第2段階：徐々に社会的つながりを取り戻す

そして、「動き出す」まで、ていねいに時間をかけている。「動き出し」たら複数の支援員により集中して支援を展開しているようである。その「動き出す」一つのきっかけとして利用されているのが、アスポート独自の職業訓練講座でもあるようだ。

セミナーに来て、講座を終えた人は、非常に元気になって意欲的になるという手応えを感じたので、短いメニューにして就職活動のきっかけづくりにする。……（中略）焦って、うまくいかないことにもどかしい思いをしている人たちの気持ちを解きほぐすこと、それがセミナーです。そういうワンクッションがあって、就労体験に結び付くのです。（アスポート職業訓練支援員）

時間をかけて話を聞くことのほか、セミナーや短期間の職業訓練講座を勧めるなど、職業訓練支援員から働きかけをしながら、支援対象者本人が「動き出す」ポイントがどこにあるのかを探っている。アスポート独自の訓練講座の一つ「基礎力アップコース」は、2012年度は全プログラムが4日間で設定されている。内容としては、家事の基本的な知識や生活の工夫を学ぶ「生活習慣改善セミナー」、身近な制度、暮らしに役立つ法律の知識を学ぶ「暮らし向上セミナー」、職場内や社会の人間関係構築に必要なコミュニケーションスキルやビジネスマナーを身につける「コミュニケーションスキルアップセミナー」などがあった。2011年度は7日間の講座として開設していたが、途中でやめてしまう参加者が一定数いたため、開講期間を短くするなどの工夫をしたという。開講期間を短くして訓練講座から得られる知識量が減ったとしても、セミナーに参加し修了することを優先しており、セミナー参加自体に意味があると位置づけている。

職業訓練支援員によると、「基礎力アップコース」のプログラムは採用面接を受けるために最低限必要な知識を習得するといった効果のほかに、プログラムに参加することの副次的効果があるという。第1に、「外に出る機会がない人たちなどに、まずは4日間という短い目標のゴールを設定して、外に出る動機づけをさせる」こと、第2に「プログラム内容を参加者同士がコミュニケーションをとれる内容にしており、お互い支え合ったり、いい意味での競争関係が生まれたりしている」ことである。

このように、アスポート独自の職業訓練講座においては、職業に関する技能や技術を習得するという機能だけでなく、支援対象者が動き出すきっかけとなり、社会とつながりを持つことや就労に対する意欲を高めていく役割を持たせていることがうかがえる。

基礎力アップコースとか技能習得コースを修了したから、2012年度の就職率がアップしたかというと、そこだけを見るとそうはなっていない。しかし、いろいろと複数受けられるようにし、休ませないで、気持ちが高まっている間に、次に次につなげていって、結果的に就労に結び付けていこうという戦略。単体で見ると、それぞれの就職率はぼやけるのですが、出口に使っているのは就労体験で、就労体験後の就職率は高いかなということになります。(アスポート職業訓練支援員)

支援対象者本人が「動き出した」後は、「気持ちが高まっている間」に次々に支援を行っているという。一つ一つの技能講習の受講を単体で見ると、それだけで就職率を高めるとは言い切れないが、一連の訓練や就労体験を組み合わせた支援の流れそのものが重要だと、支援員は考えていることがわかる。

第3段階：失敗したとしても

しかし、このような支援を受けて、支援対象者が職業訓練講座を受けるなど「動いて」、求職活動を行ったとしても、その結果、就労に結び付くとは限らない。

動いた結果、就職に結び付かなかったとしても、それはそれで次に頑張ればいいんじゃない？ってスタンス。……（中略）……そばに誰もいないとただ落ち込んでいくだけだけれど、我々は比較的そばにいるので、そこでフォローしていける。……戦略的に就職活動をして、失敗してもそれを経験とする。だからいろいろな就労体験先やメニューがあると、その人の状態に合わせて決められる。（アスポート職業訓練支援員）

前節のデータ分析の結果からもわかるように、訓練により、就労開始する者の割合は高まるが、それでも就労に結び付かないケースの方が多い。一般に就労の可能性は、求職者側の条件だけで決まるのではなく、地域の労働市場の状況によっても決まる。しかし、不採用が続けば、支援対象者の意欲が再度低下してしまったり、落ち込んでしまったりする可能性もある。そこで支援の現場では、面接などアウトリーチによる支援対象者との対話によって、引き続き就労への動機づけを行うほか、対象者の状態に応じて職業訓練講座の受講などを用いた支援を継続的に行っている様子がうかがえる。

アスポート独自の職業訓練講座を受講した者については、前節で見たように就労収入が増加して、保護廃止となるような就労に結び付くという成果は短期的には表れていないが、中長期的には就労開始に結び付いている。この結果とヒアリング内容を併せて考えてみると、アスポート独自の職業訓練講座は、職業における技能や知識を直接的に高めるというよりも、就労が困難な支援対象者の就労への意欲を高め、それを持続させることが意図され、結果として支援期間が長くなるものの就労に結び付いているといえる。

ただし、職業訓練支援員事業は2010年9月に開始され、データ分析時点では2年半しか経過していない。支援のリソースが限られたなかで、就労の可能性が低い生活保護受給者に対しこうした断続的な支援をいつまで繰り返すことが有効かについては、さらに検証が必要である。

4．就労困難者への就労支援——就労には結び付くが自立までは難しいこと

就労支援の目的は広くとらえるべき

本章では、生活保護受給者を対象とした就労支援を行っている、埼玉県アスポート職業訓練支援員事業の利用者データおよび聞き取り調査から、就労困難者への就労支援について考察を行った。職業訓練支援員事業は、就労可能とみなされる50歳未満の生活保護受給者を主な支援対象としている。しかしながら、支援対象者の学歴は、約半数の者が中学卒もしくは高校中退となっており、低学歴の者の割合が著しく高い。また、傷病・障害を抱える者も少なからずおり、支援対象者は、日本の平均的な労働者の特徴とは異なっている。

このような就労までのハードルが高いと考えられるアスポートの職業訓練支援員事業利用者とその支援についてのデータ分析の結果、保護受給期間が長くなるほど就労に成功しにくくなるとされてきた従来の考えとは異なり、保護受給期間が長くなっても就労を開始する割合が低下するという傾向は見られなかった。ただし、就労による保護の廃止は、保護受給期間2年以上となると、2年未満より低い水準となっていた。

同事業の支援・訓練状況を見ると、支援対象者ごとの支援回数の分散は大きいものの、就労開始もしくは調査時点までに平均的には6～7回の支援が行われている。この平均的な支援回数は、まだ就労に結び付いていない場合も、就労開始した場合も、就労により保護を廃止した

場合もほとんど変わりはない。少ない支援で就労を開始する場合もあれば、支援を重ねてもなかなか就労に結び付かない層があることも明らかとなった。

また、支援と就労との関係で最も注目すべき特徴として、就労による保護の廃止は、開始して間もなく最も割合が高くなり、その後低下していく。その一方で、保護の廃止を伴わない就労開始は、支援後12〜18カ月経ってから割合が高まっていた。さらに、短期間の実技や就労体験が中心となるアスポート独自の職業訓練を受けることは、長期間の座学を中心とする求職者支援訓練（基金訓練）と比べ、保護の廃止は難しいものの、就労開始には効果があるといえる。

アスポートの就労支援、訓練において、なぜこのような結果が生まれるのかを聞き取り調査から検討したところ、アウトリーチにより、支援対象者自身の意欲が高まるまで対話を繰り返していることがわかった。また、アスポート独自の職業訓練講座は、職業における技能や技術を直接的に高めるというよりも、就労が困難な支援対象者の就労への意欲を高め、それを持続させることが意図されていた。その結果として、支援期間が長くなるものの就労に結び付く層が生まれていたと考えられる。

生活保護受給者に対する就労支援には、大きく分けて二つの考え方があるといえる。一つは、就職して安定した収入を得て生活保護からの脱却をめざすことを目的とした就労支援である。もう一つは、生活保護を受給して、日常生活を営み、社会的なつながりのなかで人間らしく暮らしていくことを支援する就労支援である。後者は就労支援の目的を、生活保護費以上の収入を稼ぎ、生活保護を必要としなくなることだと狭く理解してはならない、という考え方に基づいている（布川2010）。

実際、職業能力やスキルを高め、就労による自立をめざしたアスポート独自の職業訓練支援員事業においても、社会とのつながりを持つことや就労に対する意欲を高めることが重要視されており、職業訓練は、技能習得だけではなく、支援者に就労への意欲を喚起させ、持続させるために用いられていた。当然、支援には長期間かかり、保護の廃止までには至らない場合も多いが、一定層の就労開始という成功を見ていることも明らかである。

すなわち、就労支援の目的が、「自立の社会的基盤を再建すること」（布川2010）にあるにせよ、就労による保護からの自立をめざすにせよ、支援のあり方としては、日常生活や社会生活の回復を視野に入れることが必要となる。

第4章　アスポート住宅支援の成果

岩永理恵
四方理人

1. 住宅支援事業

無料低額宿泊所からの転居支援

住宅支援事業とは、主に、無料低額宿泊所（以下、無低と略す）に入所している生活保護受給者を対象に、一般住宅や福祉施設への転居を促す事業である。そして転居後も、おおむね6カ月間、居宅生活安定のために生活支援も行う。

事業の説明に入る前に、「無低」について説明が必要であろう。無低とは、「生計困難者のために、無料又は低額な料金で、簡易住宅を貸し付け、又は宿泊所その他の施設を利用させる事業」（社会福祉法）である。本来、無低は一時的な宿泊施設である。

しかし、利用期間は長期化している。無低は、路上生活から抜け出すために利用開始するケースが多く、そのため路上生活者の居住の受け皿となっている面がある。劣悪な生活環境の施設も見受けられ、無低の事業者のなかには、利用者の大半が生活保護受給者であることを利用して、寮費と称して生活保護費のほとんどを徴収してしまうなど、いわゆる貧困ビジネスを行う者も存在する。

無低は、路上生活や病院から退院後などの住宅困窮状態に対して、一時的に対応する事業としての意義はあるにせよ、生活する場としての「住まい」を提供するものではない。

こうした無低の問題に対応すべく、アスポートの住宅支援事業は開始された。支援は、支援を受けることに同意した利用者がケースワーカーや住宅支援ワーカーと面談・アセスメントを行い、転居探しの支援を受ける、という流れで実施される。

転居先探しの支援では、物件契約のための手続きの際に同行すること、債務整理、住民票手続き、引越しの手伝いなど多岐にわたる。また入居後も定期的な家庭訪問を通じて、就労支援の実施機関や福祉部局との連携なども図っている。

本章では、埼玉県のアスポート事業の住宅支援のデータから、住宅困窮者の属性と必要な支援について考察する。無低の利用者は、どのような特徴を持っているのか、なぜ無低を利用するようになったのか。つまり、路上生活という極度の住宅困窮状態を経験し、その後、無低に長期滞在することになった(=無低しかなかった)理由について検討してみたい。

住宅支援の難しさ

住宅支援事業は、無低を利用する生活保護受給者に転居支援を行うことで、地域社会での生活を営めるようにすることをめざしている。しかし、事業開始の際、住宅支援事業には様々な方面から懸念の声が聞かれたという。たとえば、無低入所者にはアルコール依存や金銭管理能力の問題というアパートで暮らせない理由があるとか、無低運営者の協力が得られないだろうとか、さらには身元保証人がいないなど、アパートが借りられない理由がある、などである（埼玉県アスポート編集委員会２０１２）。

そうした現場感覚だけでなく、厚生労働省の調査[1]からも、無低の利用者が地域社会へ移行して生活していくための支援の難しさが読みとれる。たとえば、２０１５年6月時点で無低の全利用者の年齢構成を見ると、40歳未満が9・0％、40～64歳が52・0％、65歳以上が39・0％と、高齢者が4割を占める。入所前の住宅の状況は、路上生活が最も多く49・8％、居宅が17・9％、病院が8・9％となっており、約半数が路上生活者であった。施設利用期間も、4年以上が32・3％もいる（1～3年26・5％、1年以内34・8％）。以上のように、利用者の高齢化や利用期間の長期化が観察されており、賃貸物件や保証人を探すことの難しさなど、支援を進めるに当たり、乗り越えなければならないハードルは高い。

さらに無低の評価を難しくするのが、行政側も、路上生活や「雇い止め」などにより「住まい」を失った住宅困難者への一時的な対応として、無低を有効な手段として認識している点である。このことを表しているのが、無低の施設を知った経緯への回答状況である。知った経緯で最も多い回答は、福祉事務所の62・7％であった。次に回答が多かった事業者13・2％をはるかに上回る。すなわち、無低の利用については、多くが福祉事務所経由でスタートしている。福祉事務所が一時的な対応として考えていたとしても、残念ながら、実態は利用の長期化が進んでしまい、地域社会での生活につながっていない。

2．支援対象者の属性と支援の効果

支援対象者の基本属性

なぜ、無低の利用は長期化してしまうのであろうか。住宅支援の支援対象者の属性と支援状況を見てみよう。

本稿での使用データは、埼玉県および住宅支援事業者より提供された2012年3月末時点のものである。無低の利用者全員ではなく、あくまで住宅支援を受けることに同意した支援対象者のデータである。なお後述するように、無低入所者以外にも、住宅困難者に対しても支援を行っている。またケースによって未記入の項目があり、各表の総ケース数が異なることに注意されたい(2)。

住宅支援の対象者は無低入所以外にも、立ち退きが必要な者、路上生活者、退院が予定され

表1　支援開始時の男女別居住状況　（単位：人）

	男性	女性	男女計
無低入所	1136	39	1175
居宅	146	112	258
入院・施設（無低と未届け除く）	82	43	125
居所のない申請者	208	74	282
その他	65	25	90
計	1637	293	1930

出所：埼玉県アスポート住宅支援事業利用者データから筆者作成

ているが退院後の住宅がない者など様々である。以下では、支援開始時の居住状況「無低入所」「居宅」「入院・施設」「居所のない申請者・路上生活」「その他」の5つに分類して分析を進める。

「居宅」とは、高額家賃や家族不仲、大家からの依頼などがあって居住不可能になった者、「入院・施設」とは、病院や無低以外の行政に届け出のある施設から退所した者、「居所のない申請者」とは、路上生活をしていた者を含む支援開始時に居所がない者、「その他」には友人・知人宅、寮・社宅に暮らしていた者、未届け施設入所者などが含まれている。

この住宅支援開始時の居住状況について見たのが、表1である。支援対象者の性別を見てみると男性の方が多い。また男性の場合は、「無低入所」の状態にある者への支援が中心であるのに対して、女性の場合は「居宅」の場合が多い。さらに男性も女性も、「居所のない申請者」も少なからずいることが示されている。

表2は年齢構成である。全国統計より年齢階級を細かく設定

表2　年齢構成

（単位：％）

年齢	無低入所	居宅	入院・施設	居所のない申請者	その他	計
～29	0.8	4.5	2.0	6.5	3.8	2.1
30～34	1.5	2.2	8.9	4.1	6.4	2.5
35～39	3.5	6.7	5.0	8.9	7.7	4.8
40～44	5.0	11.7	6.9	11.4	10.3	6.9
45～49	6.1	10.1	8.9	9.3	6.4	7.2
50～54	11.4	7.8	14.9	12.6	10.3	11.3
55～59	19.4	11.7	10.9	10.2	16.7	16.7
60～64	22.1	11.7	22.8	16.3	20.5	20.2
65～69	17.1	11.2	11.9	11.4	11.5	15.2
70～74	9.1	11.2	6.9	4.1	6.4	8.3
75～	4.2	11.2	1.0	5.3	0.0	4.7
計	100	100	100	100	100	100

N=1775
出所：埼玉県アスポート住宅支援事業利用者データから筆者作成

しているが、埼玉県の無低入所の場合、最も多いのは60～64歳の年齢階層である。次に、55～59歳、65～69歳と、主に中高齢者が多い。「入院・施設」からの退所後に住宅を探している者も、中高齢者が多い。一方で、「居宅」については、年齢層は幅広く、たとえば40代の支援対象者も一定数おり、「雇い止め」など様々な理由で住宅困窮になっている者が含まれていると考えられる。

住宅困窮を引き起こす健康問題

次に、支援対象者の健康状況について検討する。表3は医療機関の受診状況を示している。

住宅支援対象者は、45・5％が一般の医療機関を受診し、11・6％が精神関連の医療機関にかかっている。「無低入所」者に限っても同じような傾向にあり、健康状態は良くないことが

表3　医療機関受診状況　（単位：%）

	無低入所	居宅	入院・施設	居所のない申請者	その他	計
一般医療機関	45.8	50.3	65.6	32.6	47.3	45.5
精神関連の医療機関	7.7	19.2	20.0	11.7	13.5	11.6

N=1156 人
出所：埼玉県アスポート住宅支援事業利用者データから筆者作成

表4　社会保障制度の利用状況　（単位：%）

	無低入所	居宅	入院・施設	居所のない申請者	その他	計
年金受給権の有無	16.3	18.3	16.0	12.3	8.2	15.3
障害者手帳・身体障害	4.0	14.3	10.3	5.3	8.8	6.4
障害者手帳・知的障害	0.8	1.1	1.1	1.3	0.0	0.9
障害者手帳・精神障害	1.2	6.0	7.9	4.4	2.8	3.1

N=1234 人
出所：埼玉県アスポート住宅支援事業利用者データから筆者作成

表5　支援員所見による障害状況　（単位：%）

	無低入所	居宅	入院・施設	居所のない申請者	その他	計
身体障害・難病	8.0	20.1	25.5	10.2	9.6	11.6
精神障害・疾患	7.0	18.8	20.4	17.0	11.0	11.9

N=1223 人
出所：埼玉県アスポート住宅支援事業利用者データから筆者作成

示されている。こうした健康状態の問題によって、在宅で暮らすことが困難となっているために、無低の入所期間の長期化が生じている可能性がある。

精神関連の医療機関受診の割合は11・6%であったが、社会保障制度の利用状況（表4）を見ると、精神障害者手帳保有は3・1%と多くはない。ただし、支援員の所見（表5）で精神障害・疾患があると認められている者も11・9%で、手帳保有では障害状況が過小評価されている可能性もある。(3)

特に「居宅」でありながら、身体障害・難病、精神障害・疾患がある割合が高いことは注目に値する。すなわち、居宅であっても障害がある場合、住宅問題が生じやすいことを示唆している。このデータからは住宅困窮へのプロセスまでは明らかではないが、たとえば、日常介護をしていた親や家族の支援が得られなくなり、障害者などが、地域の居宅で暮らし続けることが難しくなるケースなどが考えられる。

なぜ、住宅を喪失したのか

では、どのような経路で、無低に入所することになったのか。さらに、支援開始時の居住状況のカテゴリーを用いて、他の居住形態で住宅困窮となったケースと比較しながら見てみたい。

表6は住居喪失の理由を示している。全体としては、家賃支払不能・滞納が36・8%であり、経済的理由が主たる原因であることが見てとれる。次に多いのは、家族問題などが原因と

表6　住居喪失の理由　（単位：%）

住居喪失の理由	無低入所	居宅	入院・施設	居所のない申請者	その他	計
家賃支払不能・滞納	38.6	34.5	20.2	36.5	49.3	36.8
家出（実家・友人宅）	9.9	1.1	7.1	12.9	5.3	8.8
退院・刑務所出所	10.5	1.1	15.2	7.1	8.0	8.8
寮や社宅から退出	3.3	0.6	3.0	3.7	6.7	3.2
その他	37.7	62.6	54.5	39.8	30.7	42.5
計	100	100	100	100	100	100

N=1257人
出所：埼玉県アスポート住宅支援事業利用者データから筆者作成

考えられる「家出」や「退院・刑務所出所」である。

こうした傾向は、無低入所者においても同様である。家賃滞納などにより住居を失い、無低に入所することになることが最も多い経路である。本データでは、なぜ家賃滞納となってしまったのかの理由（たとえば、住居喪失時の就労状態や健康状態、家族との関係など）までは明らかではない。しかし、先述の基本属性によれば、年齢層も高く、健康状態が良くないことから、就労困難や年金の給付水準が低いために、一般的な住まいで暮らすことができず、無低に入所するようになったと推察される。

次に多い住居喪失の理由は、「家出」である。無低入所者においては、借金問題や複雑な家族問題などにより、家族や親族から離れ、孤立しているケースがあることが知られている。社会的に孤立することになった場合の、受け皿の住まいとして無低が機能していることがデータ上確認される。

さらに、「退院・刑務所出所」の割合も「家出」と同程度に高い。無低入所者は健康状態が悪い者が多く、無低と入院を繰り返している者もいる。そのため退院した後に、再び無低に戻ってくる事例などが考えられる。一方で、刑務所出所後に無低を利用するケースもある。先に述べたように、無低には、社会的に孤立することになった場合の住まいとしての機能があり、刑務所出所後の最初の宿泊先として選択されていると考えられる。

以上のように、住居喪失の理由、そして無低に入居することになった理由としては、経済的困窮により家賃支払いが困難になるということに加えて、家族問題などにより家出をしているケース、刑務所出所者など社会的に孤立したケースなど、複雑であることが多い。また健康問題も抱えている。低収入というだけでなく、複雑な生活問題を抱えているがゆえに、住まいが無低しかなかった。そして、こうした複雑な生活問題の存在と経験こそが、無低入所者の転居を妨げていると考えられる。

転居しにくくなる——無低の利用や保護期間の長期化

ここまで、無低入所者の属性や抱えている問題について考察してきた。最後に、住宅支援を行った結果、アパート等へ転居するまでに、従来の居住形態や生活保護の受給期間がどのように影響を与えるのか検討してみたい。

表7は「アパート等への転居までの平均日数」である。住宅支援を受けて、最短で転居することができるのは、路上生活者などの「居所のない申請者」である。一方、「無低入所」は最

表7　アパート等への転居までの平均日数　（単位：日）

居宅	45
無低入所	95
入院・施設	53
居所のない申請者	32
その他	60
計	64

N=757人
出所：埼玉県アスポート住宅支援事業利用者データから筆者作成

も長く、3カ月超の期間がかかっている。先ほども見たように、無低入所者については、経済的困窮だけでなく複雑な生活困窮の問題があり、転居するためには単純に住宅を用意すればよいわけでない。そのために事業内容としても、転居後の生活支援が加えられている。

次に、無低入所者のみ、表8の保護の受給期間別の支援の状況を見てみたい。

これによれば、保護受給期間が短いほど「アパート等に転居」が多く、保護受給期間が長くなるにつれ「支援中断、中止」が多くなっていることがわかる。無低入所し、その期間が長くなるほど、アパート等に転居するまでの日数がかかり、アパート等への転居支援が困難になることが推察される。

以上のように、住宅支援事業利用開始時に「無低入所」のグループは、他のグループと属性や健康状態などの状況に大きな違いがないにもかかわらず、無低入所期間が長くなるほど、アパート等に転居するまでの日数がかかり、転居支援が困難になることが観察された。すなわち、住宅困窮の緊急的手段として、無低を利用したとしても、無低の利用が長引くことによって退去が難しくなる可能性がある。こうした無低の利用長期化を防ぐためにも住宅支援をいち

表8　保護の受給期間別の支援の状況　（単位：%）

	転居支援中	アパート等に転居	支援中断、中止	計
半年未満	13.5	43.1	43.4	100
半年以上 1 年未満	11.8	42.9	45.3	100
1 年以上 2 年未満	10.5	25.0	64.5	100
2 年以上 3 年未満	8.6	24.3	67.2	100
3 年以上	10.1	19.8	70.0	100
計	10.9	30.8	58.3	100

N=1132 人
出所：埼玉県アスポート住宅支援事業利用者データから筆者作成

早く行う必要がある。

3．無低利用者と住宅支援の意味

「とりあえず、無低」という発想からの脱却

住宅支援対象者の現状把握を行い、特に無低問題へのアプローチについて考察してきた。

ここまでの議論をまとめれば、支援対象者は全体として男性が多数であり、特に無低入所の場合は男性単身世帯が多い。年齢層は、60～64歳をピークにその前後の中高年齢層が多いが、年金受給権を持つ割合は高くない。健康状態も半数以上が何らかの疾病を抱えている。保護開始理由では、経済的理由が半数近くで、次いで傷病、疾病による理由が多い。約2割が借金を抱えており、住居喪失の理由からも経済状況の厳しさがうかがえる。

一方で、無低利用者に着目すると、男性、高齢、単身世帯という特徴はあるが、他の住宅状況にある者と学歴、就業状況、

健康状態などが特に異なるわけではないとわかる。ところが支援状況には、無低を経由することで影響があることは明らかである。無低入所のまま保護を受けている期間が長くなると、アパート等に転居するまでの日数がかかり、転居支援が困難になることが推察される。

この住宅支援事業利用者の実態を見れば、「そもそも無低に入らなければならなかったのだろうか」という問いが生じる。この問題を考えるに当たって参考になるのが、『「生活保護施設等利用者の実態と支援」に関する研究――最終報告――』(2010年6月)の指摘である。[4]

その考察のなかで指摘されたのが、いったん施設等へ入所し移住先を探すという「ステップ・アップ」型プログラムの功罪である。「『ステップ・アップ』型のプログラムと、これに応じた『箱もの』の組み合わせで構成」する仕組みは、「政策立案者や援助者側」にとってはわかりやすい。しかし、「これを利用する側から見ると事態はやや異なった様相を帯びてくる」。ステップを踏むたびに、利用者の生活は分断され、日常的な一貫した生活を維持できなくなるからである。「『住居喪失型貧困』はこうした生活の『一貫性』の破壊を意味」しており、その対応策も「『一貫性』の破壊」を踏襲してしまっている。

住まいが変わることによって、人々は職業や家族との関係などをすべて考え直さなくてはならない。職場や地域社会での関係を確保しながら住まいを探すという時、他に方法が見当たらないからといって、「とりあえず、無低」という発想からは脱却しなくてはならないだろう。

地域生活への移行という理想と現実
――生活困窮者自立支援制度は総合的な生活支援を担えるか

ただ、無低から地域生活への移行という理想をめざすにも、住宅支援対象者が抱える課題には、低所得に加え、病気や障害、家族関係の問題など、複雑な生活困窮の現実がある。住宅喪失は、生活困窮のなかでも最も極限の状態であり、住宅支援対象者が抱えている問題は非常に重いといえる。

そのため、無低から地域生活へ移行した場合も、居宅生活の安定化を図るためにアスポートの住宅支援事業者はサポートを続けていた。

今日では、生活困窮者自立支援制度が各自治体で実施され、アスポートの住宅支援事業は自立相談支援のなかに組み込まれた。相談事業を通じて、就業支援機関や福祉部局への連携を図り、総合的に支援を進めていくことになっている。

しかしながら、第7章で述べるように、住宅支援といっても、その内容は多岐にわたり、それぞれの生活困難に合わせた支援も要する。地域の社会資源（就労支援団体、福祉団体や病院・施設）の差も反映して、自治体ごとの事業の充実度には地域差があることが問題になっている。さらにはアセスメントが難しい生活困窮者に対しての支援に消極的な自治体もあるという。生活困窮者自立支援制度が整備され、また新たな住宅セーフティネットが展開[5]される今こそ、住宅支援のさらなる充実が求められよう。

第5章　アスポート学習支援の成果

田中　聡一郎

1. 学習支援事業

事業の両輪としての学習教室と家庭訪問

学習支援事業とは、生活保護受給世帯の子どもたちに対して、学習教室で学習ボランティアが勉強を教え、高校進学を促す事業である。その特徴としては、学習教室の運営だけでなく、支援員が家庭訪問を行い、世帯内の学習環境を整えることも事業の目的としていることにある。たとえば、不登校等で自宅外へ出にくい子どもたちにもアプローチし、また家庭内の状況把握や親の養育支援などを行い、子育て期の親子を支えることも事業内容となっている。

特にアスポートの学習支援事業は、学習教室の運営と「アウトリーチ」とも呼ばれる家庭訪問を、事業の両輪として位置づけており、多くの自治体で参考にされている。

生活保護受給世帯については、高校中退や低い大学進学率など子どもの学力問題が生じていることが知られている。生活保護制度は最低生活の保障を行うものであり、一般世帯のように教育費を十分にかけることは難しい。そのため、生活保護受給世帯で育った子どもたちは低学歴になってしまい、十分な給与を得られる仕事に就くことが難しい場合もある。そこで埼玉県においても、生活保護受給世帯の高校進学率が低いことを問題と捉え、貧困の連鎖防止を目的として学習支援事業を開始した。

本章では、まず生活保護受給世帯の子どもの教育と生活に関する諸問題について、アンケート調査に基づいて検討を行う。特に、筆者らが２０１０年度に実施した「教育・生活アンケート」の概要を紹介する。これまで生活保護受給世帯の子どもの生活実態については十分には明らかにされておらず、同調査は今後の支援において意義のあるものとして考えられる。

その上で生活保護受給世帯の児童に対して、どのような支援がなされたのか、学習支援事業のデータから検証を行う。これらの検討を通じ、生活保護受給世帯の中学生の生活・教育状況と支援の現状から、あらためて学習支援事業の意義について考えてみたい。

2．生活保護受給世帯の子どもたちの教育・生活問題

アンケートの概要

まず「教育・生活アンケート」の概要を紹介する。同調査は、２０１０年11月～２０１１年

3月まで、アスポート事業の対象者である生活保護受給世帯における中学生400人（中学3年生を中心）を対象に実施したものである。アンケートの実施については「彩の国子ども・若者支援ネットワーク」に委託し、配布は支援員による訪問配票、回収は郵送回収によるものとした。本調査の対象は同意書提出世帯の中学生のみであり、また配布においても学習支援事業と連動して実施されているため、無作為抽出が行われていない点には留意が必要である。質問項目は、生徒本人に、（1）生活実態（朝食、睡眠、家庭生活等）、（2）学習状況（勉強時間、成績の自己評価等）や学校生活（友人との交流、部活動等）、（3）進学希望、（4）健康状態等についてのアンケートに回答してもらっている。

本調査のサンプル224（回答率：56・0％＝224／400人）を用いて議論する。なお、このサンプルの学年・男女別の回収状況は、中学校3年生は182（うち男性86、女性96）、中学校2年生は22（うち男性10、女性12）、中学校1年生は20（うち男性8、女性12）となっている。

不規則な生活リズム

では、生活保護受給世帯の子どもたちの生活実態を確認していこう。

生活状況（朝食、睡眠）については、文部科学省「平成22年度全国学力・学習状況調査」の全国値との比較でまとめる。お小遣いは金融広報中央委員会（2011）「平成22年度子ども

図1　朝食の有無

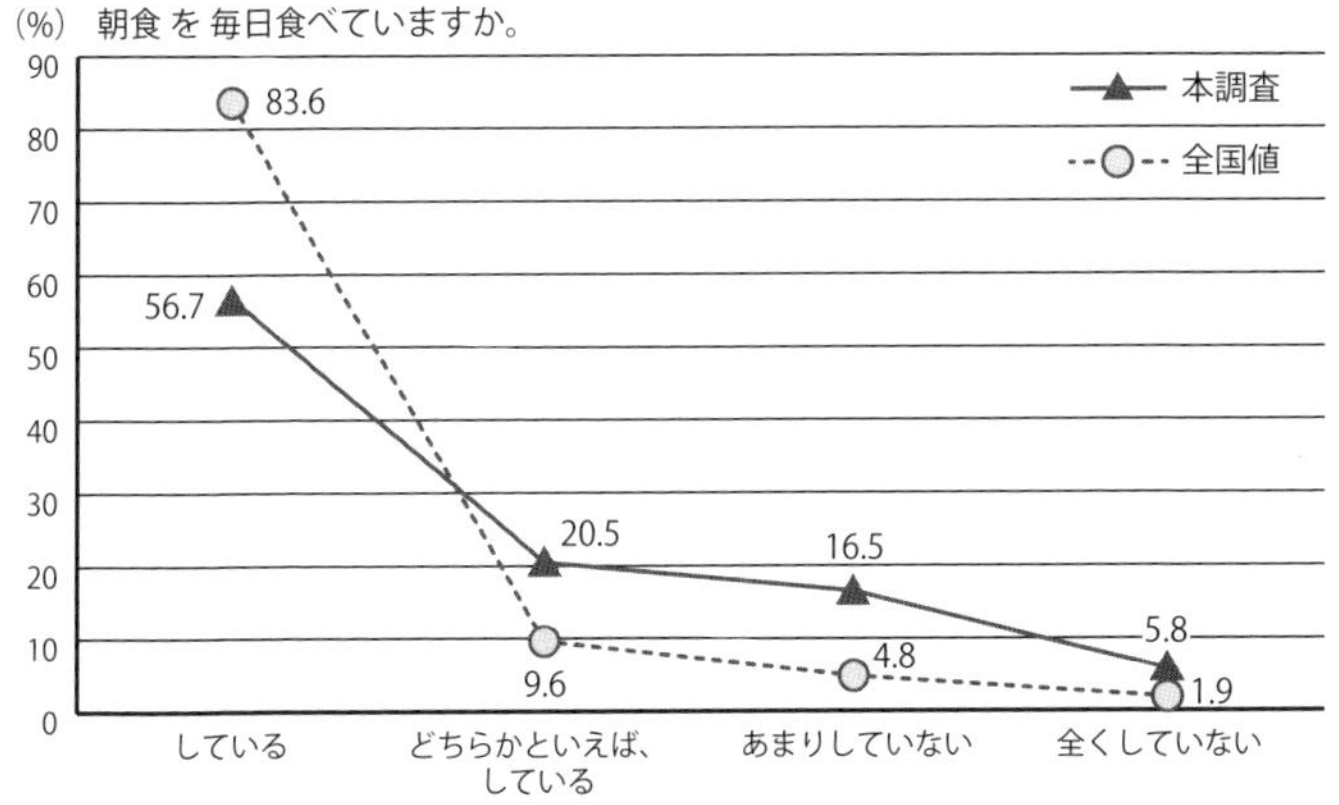

出所：「教育・生活アンケート（2010 年度)」、文部科学省（2011）より筆者作成。
注：本調査のサンプルサイズは 224。そのうち「無回答等」 1 （0.4%）は図に記載していない。

図2　平日の起床時間

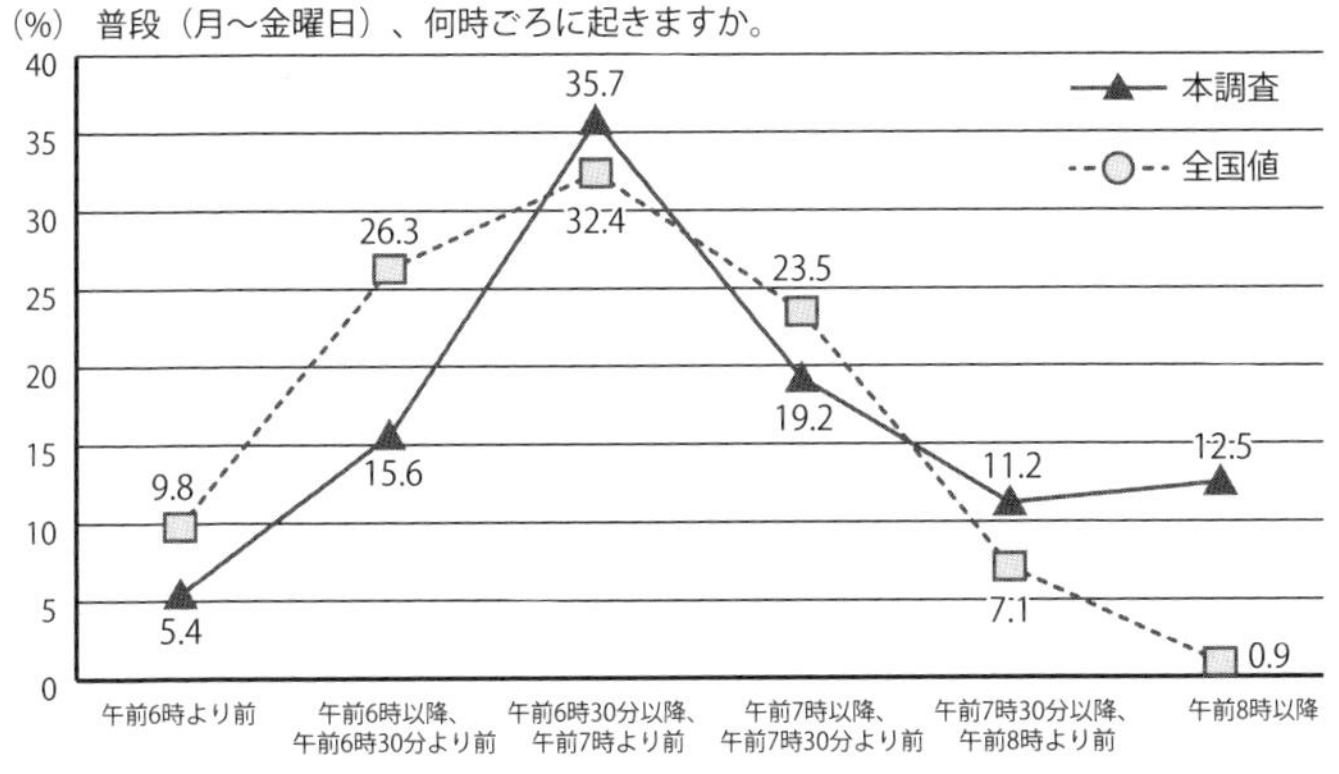

出所：「教育・生活アンケート（2010 年度)」、文部科学省（2011）より筆者作成。
注：本調査のサンプルサイズは 224。そのうち「無回答等」 1 （0.4%）は図に記載していない。
　なお、「平成 22 年度全国学力・学習状況調査」の「無回答」0.1%も記載していない。

のくらしとお金に関する調査（第2回）」の全国値との比較でまとめる。部活動についてはBenesse 教育研究開発センター（2007）「第4回学習基本調査・国内調査報告書　中学生版」（以下、ベネッセ学習基本調査）を全国値として比較する。

まず朝食の摂取状況である。図1から、毎日の朝食をとっているかどうかを見てみれば、「あまりしていない」（本調査16・5％、全国値4・8％）、「全くしていない」（本調査5・8％、全国値1・9％）の回答項目において、本調査が高くなっており、毎日朝食をとっていない者の割合が高い。

一方で、起床時間を検討してみれば、図2において、平日の起床時間が「午前8時以降」（本調査12・5％、全国値0・9％）と回答した割合が高くなっている。全国値が1％未満であることを考えれば起床時間の遅い者が多い。

このように全国値との比較では、生活保護受給世帯の子どもは毎日朝食をとらない者や起床時間が遅い者など、生活のリズムが不規則な者が多い。

お小遣いのない子どもたち

次にお小遣いの状況を、金融広報中央委員会（2011）「平成22年度子どものくらしとお金に関する調査（第2回）」の全国値[1]と比較して検討してみたい（図3）。

お小遣いの平均値は、本調査1896円である。お小遣いをもらっている者に限れば、本調

図3　1カ月のお小遣い

お小遣いをもらっていますか。１カ月当たりの金額を書いてください。
もらっていない場合は０円と書いてください。

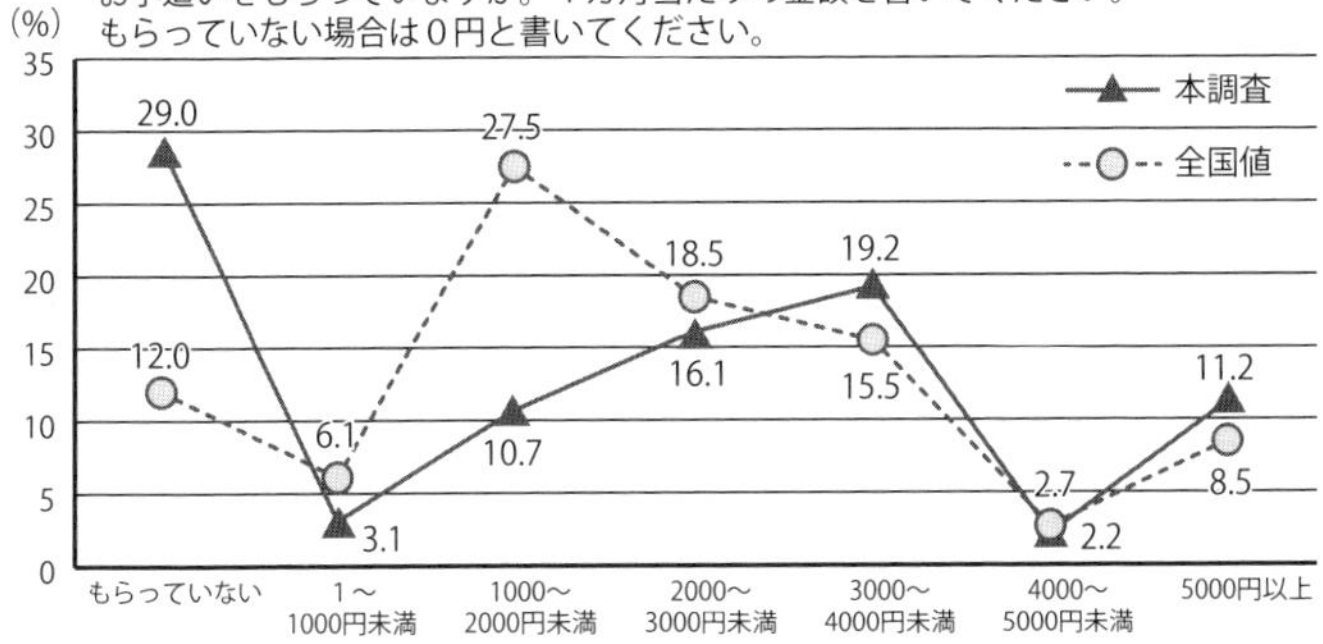

出所：「教育・生活アンケート（2010年度）」、金融広報中央委員会（2011）より筆者作成。

注１：本調査のお小遣いの回答のうち、平均値から標準偏差の３倍を超える回答は無効回答とした。

注２：本調査のサンプルサイズは224。そのうち「無回答等」19(8.5%)は図に記載していない。なお、「平成22年度子どものくらしとお金に関する調査（第２回）」の問1-2の「無回答」9.1%も記載していない。

図4　部活動の状況

あなたは今、部活動に入っていますか。

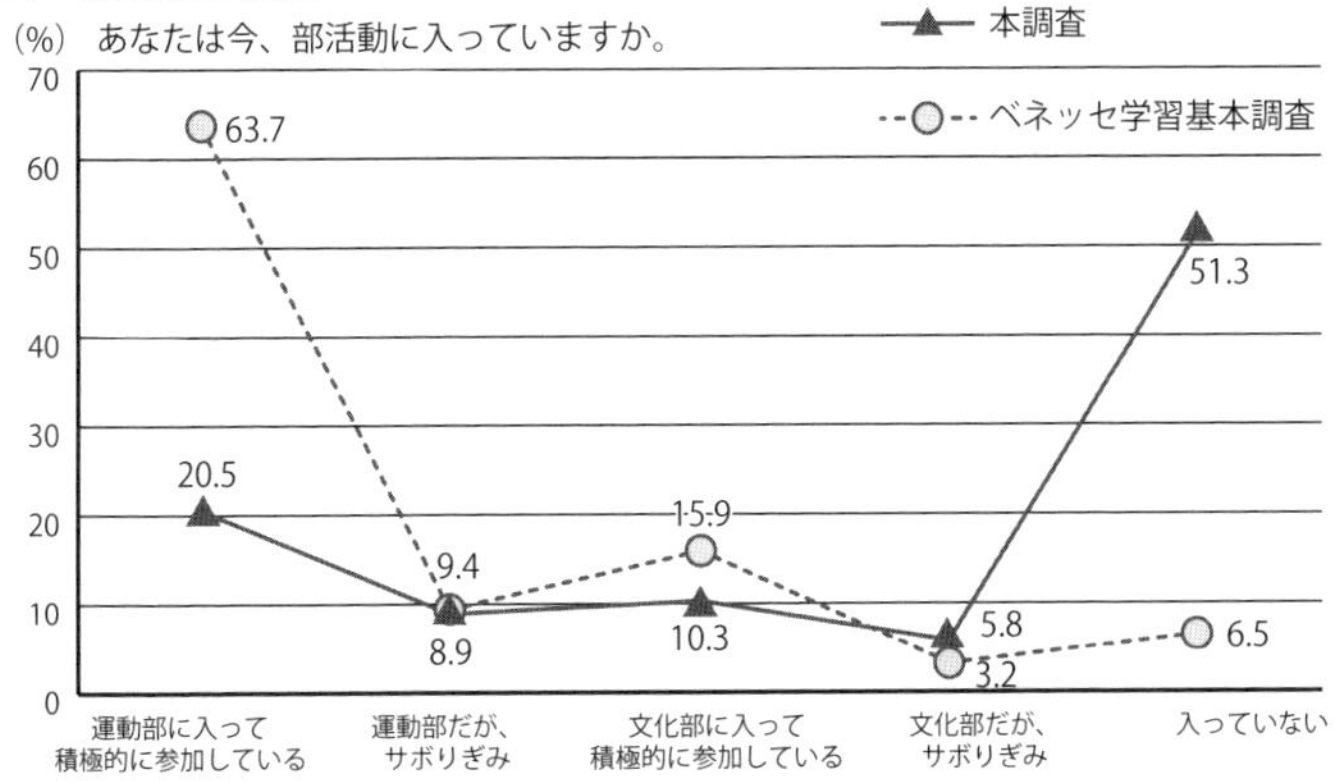

出所：「教育・生活アンケート（2010年度）」、Benesse教育研究開発センター（2007）より筆者作成。

注：本調査のサンプルサイズは224。そのうち「無回答等」７（3.1%）は図に記載していない。なお、Benesse教育研究開発センター（2007）の「無回答・不明」1.4%も記載していない。

査2777円、全国値2502円であり大きな差はない。しかし本調査の場合はもらっていないという回答（本調査29・0％、全国値12・0％）が多く、お小遣いのない者が3割弱もいることになる。

この「お小遣いがない」ということは、自由にできるお金がないことを意味し、授業外の学生生活の選択の幅にも影響を与えている可能性もある。

たとえば、部活動の加入を見てみると、「入っていない」の回答が、本調査は51・3％でベネッセ学習基本調査6・5％を大きく上回っている(2)(図4)。部活動費を支給対象とした学習支援費（ただし学習参考書代なども含む）があっても、生活保護受給世帯の子どもは、費用のかかる部活動に積極的になれないのかもしれない。またそればかりでなく、月謝のかかる塾などへ行きたいという意思を示すことも難しくなるであろう。

学習習慣が定着していない

次に、学習状況（勉強時間・宿題）や成績の自己評価について検討する。学習状況について勉強時間や宿題を行ったかどうかを先ほどと同じく「平成22年度全国学力・学習状況調査」の全国値との比較でまとめる。成績の自己評価は、Benesse 教育研究開発センター（2010）「第2回子ども生活実態基本調査報告書」（以下、ベネッセ子ども生活実態調査）を全国値として比較する。

図5　平日の勉強時間

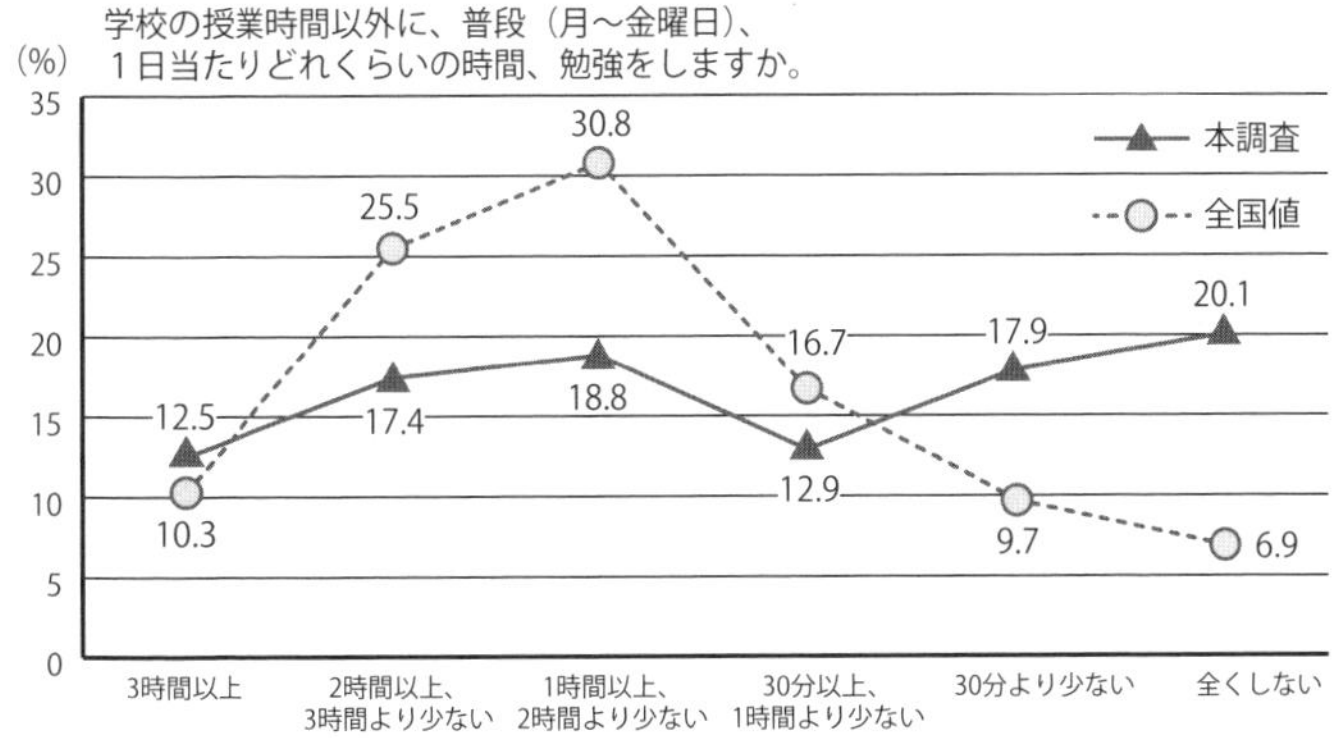

出所：「教育・生活アンケート（2010年度）」、文部科学省（2011）より筆者作成。
注：本調査のサンプルサイズは224。そのうち「無回答等」1（0.4%）は図に記載していない。
なお、「平成22年度全国学力・学習状況調査」の「無回答」0.1%も記載していない。

図6　宿題をしているかどうか

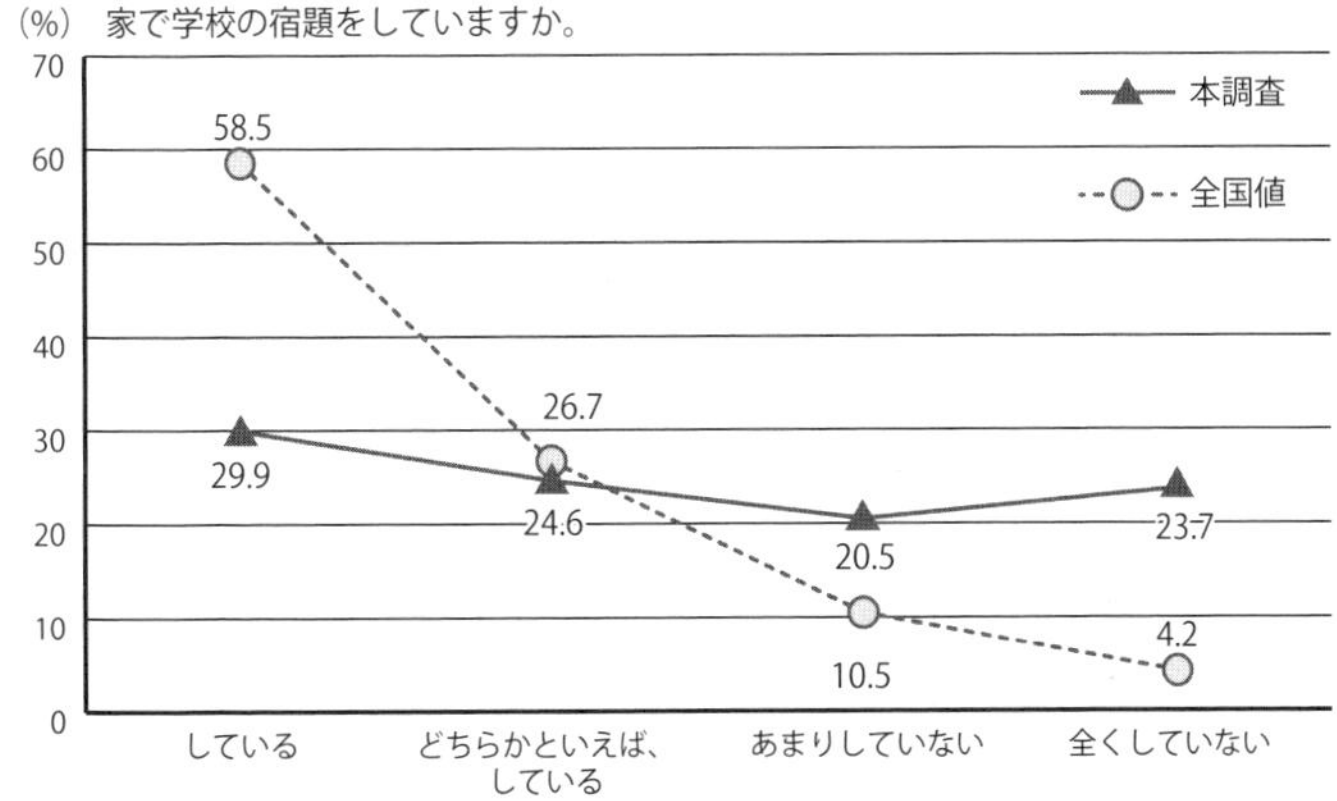

出所：「教育・生活アンケート（2010年度）」、文部科学省（2011）より筆者作成。
注：本調査のサンプルサイズは224。そのうち「無回答等」3（1.3%）は図に記載していない。
なお、「平成22年度全国学力・学習状況調査」の「無回答」0.1%も記載していない。

まずは、勉強時間を見てみよう。平日1日当たりの勉強時間で特徴的なのは、「30分より少ない」（本調査17・9％、全国値9・7％）、「全くしない」（本調査20・1％、全国値6・9％）というように、全国値との比較では、平日に勉強時間が少ない、あるいは全くしていないと回答する者が多い点である（図5）。

さらに家で学校の宿題をしているかどうかについても、全国値との対比では「あまりしていない」（本調査20・5％、全国値10・5％）、「全くしていない」（本調査23・7％、全国値4・2％）と回答する者が多く、勉強時間と同様に、家庭内での学習が定着していない生徒が多くいることが読みとれる（図6）。

学力問題と進学希望

最後に学力と進学志望を検討してみたい。成績に関する自己評価については、図7として掲載したのは数学のみであるが、どの教科においても、「下のほう」と回答する者が多かった。特に、「現在の総合的な成績」（本調査54・0％）や「数学」（本調査55・8％、ベネッセ子ども生活実態調査16・7％）、「英語」（本調査54・5％、ベネッセ子ども生活実態調査17・4％）では過半数が「下のほう」と回答している。このように成績の自己評価は低く、生活保護受給世帯の生徒において学力問題が生じている可能性がある。

そうであるがゆえに、進学希望についても低位にとどまっている。「貧困の連鎖」を断った

図7　成績の自己評価（数学）

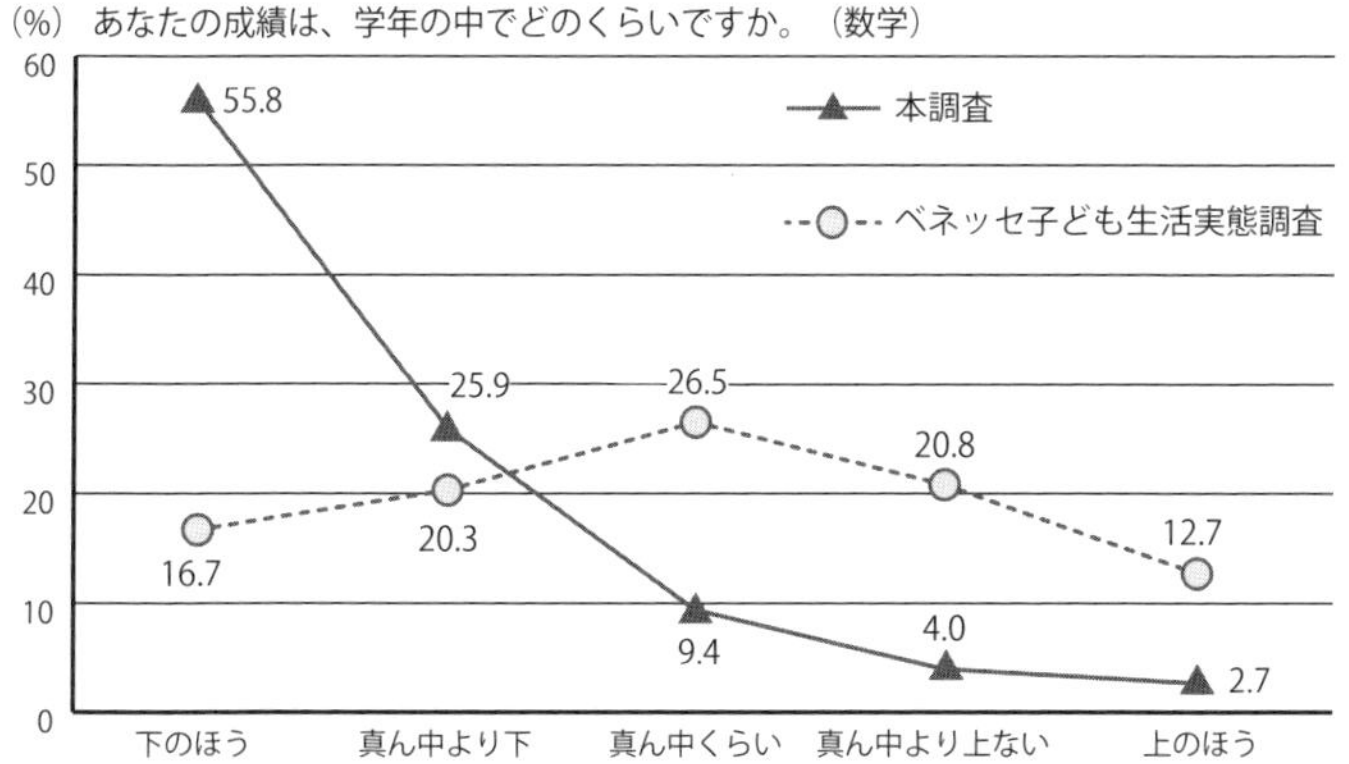

出所:「教育・生活アンケート（2010 年度）」、Benesse 教育研究開発センター（2010）より筆者作成。
注：本調査のサンプルサイズは 224。そのうち「無回答等」5（2.2%）は図に記載していない。
なお、Benesse 教育研究開発センター（2010）の「無回答・不明」2.9%も記載していない。

図8　将来の進学希望

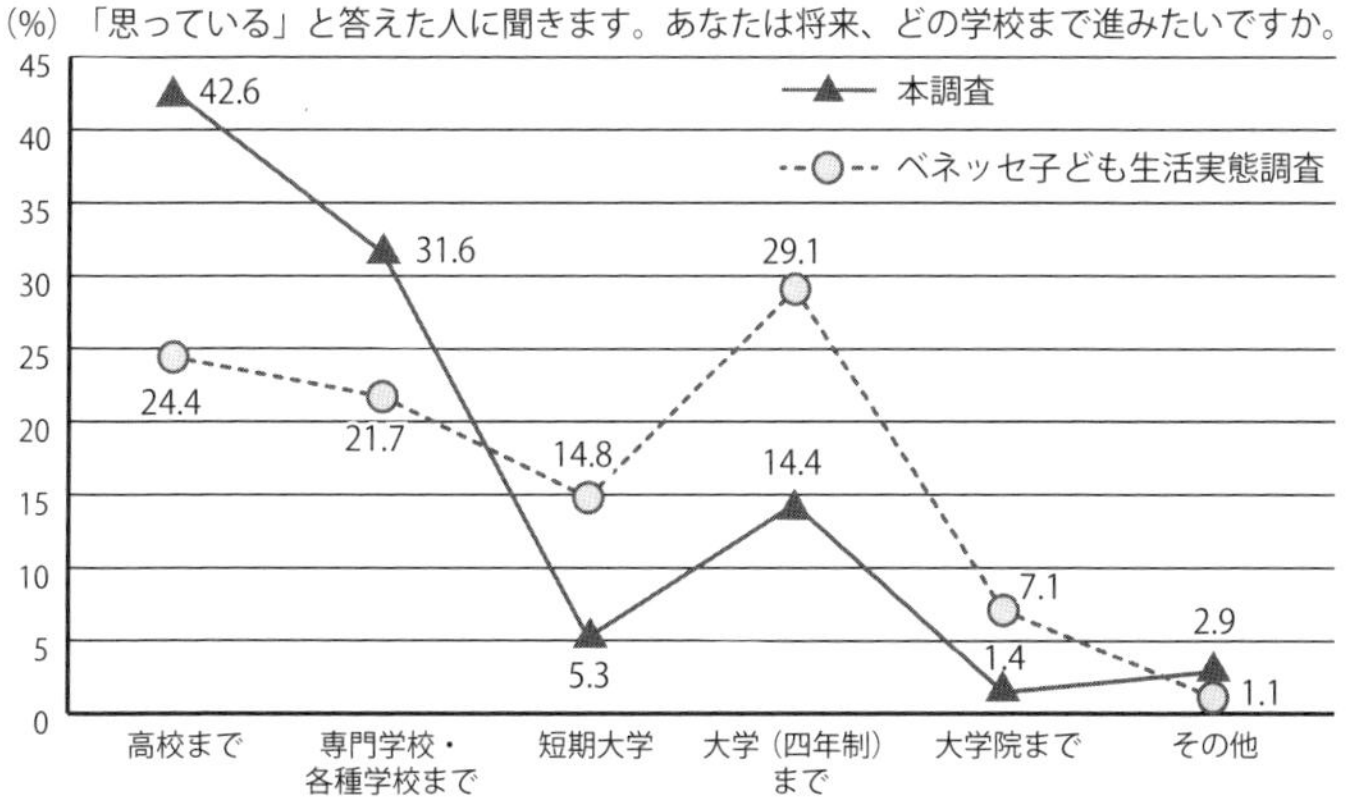

出所:「教育・生活アンケート（2010 年度）」、Benesse 教育研究開発センター（2007）より筆者作成。
注:「思っている」という回答は 209。そのうち「無回答等」4（1.9%）は図に記載していない。
なお、Benesse 教育研究開発センター（2007）の「無回答・不明」1.9%も記載していない。

めの取り組みとして考えるならば、生徒本人の進学希望が重要な条件となる。高校進学希望についてては、先ほどの Benesse 教育研究開発センター（２００７）「第４回学習基本調査・国内調査報告書　中学生版」を全国値として比較する。図としては掲載していないが、高校進学希望（本調査93・３％、ベネッセ学習基本調査94・９％）はほぼ同程度であった。しかし、図８に見られるように、その先の将来の進学希望についてては、「高校まで」（本調査42・６％、ベネッセ学習基本調査24・４％）と回答する者が多く、「大学（四年制）まで」（本調査14・４％、ベネッセ学習基本調査29・１％）と回答する者が少ないという状況が示されている。

3．学習支援の成果——なぜアウトリーチが必要か？

進学という「わかりやすい」成果

冒頭の事業概要で説明したように、学習支援事業は、生活保護受給世帯の子どもたちに高校進学を促《うなが》すことが目的であるが、その一方で家庭内の学習環境を整えることもまた、重要な目的となっている。そこで3節では高校進学と学習環境の整備という二つの観点から学習支援事業の成果について検討してみたい。

以下、成果の検討で用いるデータは、埼玉県より提供された支援状況データ（２０１０年度）である。事業を開始した２０１０年度は、学習教室自体は10月からの開催であり、学習支

表1　支援状況別の高校進学状況（2010年度）

	アスポート対象者				アスポート未支援者		生活保護受給世帯中学3年生	
	教室参加者		教室不参加者					
	人数	（%）	人数	（%）	人数	（%）	総計	（%）
進学	152	96	178	82	325	88	655	88
全日制高校	100	63	113	52	225	61	438	59
定時制高校	33	21	34	16	46	12	113	15
通信制高校	16	10	16	7	19	5	51	7
特別支援高校	3	2	15	7	31	8	49	7
高専	0	0	0	0	2	1	2	0
その他	0	0	0	0	2	1	2	0
専修学校・各種学校	0	0	0	0	2	1	2	0
就職	0	0	11	5	10	3	21	3
未定・再受験予定	7	4	27	13	32	9	66	9
計	159	100	216	100	369	100	744	100

注１：進学先不明のサンプルは除いた。
注２：同意書を提出したが辞退した者は、アスポート未支援者とした。
出所：支援状況データ（2010年度）より筆者作成

援の期間が半年足らずであることについて留意されたい。

まず学習支援と進学状況の関係を見てみよう。表1は、アスポートの教室参加者、アスポートの同意書提出を行ったが教室不参加である者、未支援者、生活保護受給世帯の中学3年生の高校進学等の状況を示したものである。ここでの未支援者とは、中学生がいる生活保護受給世帯であるが、学習支援に関する同意書を提出しなかった世帯である。具体的には、自分で勉強する者、あるいは塾へ通っている者や交通事情の関係で通学が難しかった者等がある。

アスポートの教室参加者の方が学習意欲の高いことが考えられるため、教室参加者の進学率の高さをもって学習教室の効果とは直ちにはいえないが、教室不参加者や未支援者の中学3年生よりも高校進学率が高い状況が示されており、教室参加者については成果をあげていると考えられる。

次に、学習教室への参加状況を見てみよう。図9は教室参加者について、進学等状況別の教室参加状況を示している。教室参加者の平均参加回数は全日制高校の進学者で14・7回、定時制高校の進学者で12・7回、通信制高校の進学者で6・4回、未定や再受験予定の者で9・3回であった。また全日制高校に進学した者のうち、10回以上教室に参加した生徒は60％程度おり、また20回以上参加した生徒も30％程度いる。また定時制高校に進学した者のうち、10回以上教室に参加した生徒も50％程度おり、20回以上参加した生徒は20％を超えている。

２０１０年度のアスポート事業は期間としては半年程度であったことを考えると、積極的な参加があったといえよう。その一方で通信制高校に進学した者のうち、5回未満の参加となっている生徒は60％を超えており、参加回数が少ない者が多い。この点については次の図10とともに考えてみたい。

学習環境の整備という「隠れた」意義

ここで検討するのは、家庭訪問の意義である。

図10は進学等状況別の家庭訪問状況を示している。平均訪問回数は、全日制高校の進学者で2・1回、定時制高校の進学者で2・5回、通信制高校の進学者で3・3回、就職者で1・9回、未定・再受験予定の者が2・2回であった。この図からは全日制高校へ進学した生徒と比

図9　進学等状況別の教室参加状況（2010年度、教室参加者）

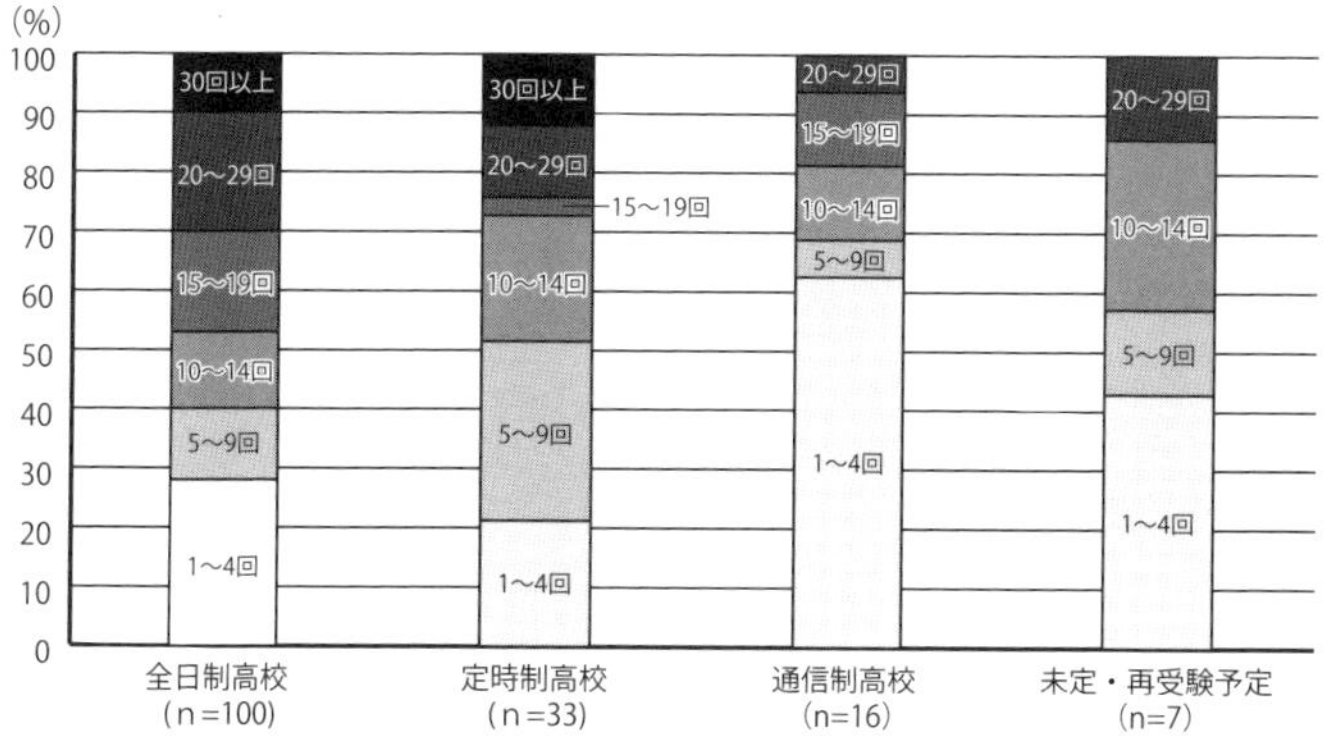

注：図に掲載したのは教室に参加した中学3年生159人のうち、全日制高校・定時制高校・通信制高校に進学した者と未定・再受験予定者を合わせた156人である。なお、教室参加者で就職をした者はいなかった。

出所：支援状況データ（2010年度）より筆者作成

図10　進学等状況別の家庭訪問状況（2010年度、支援対象者）

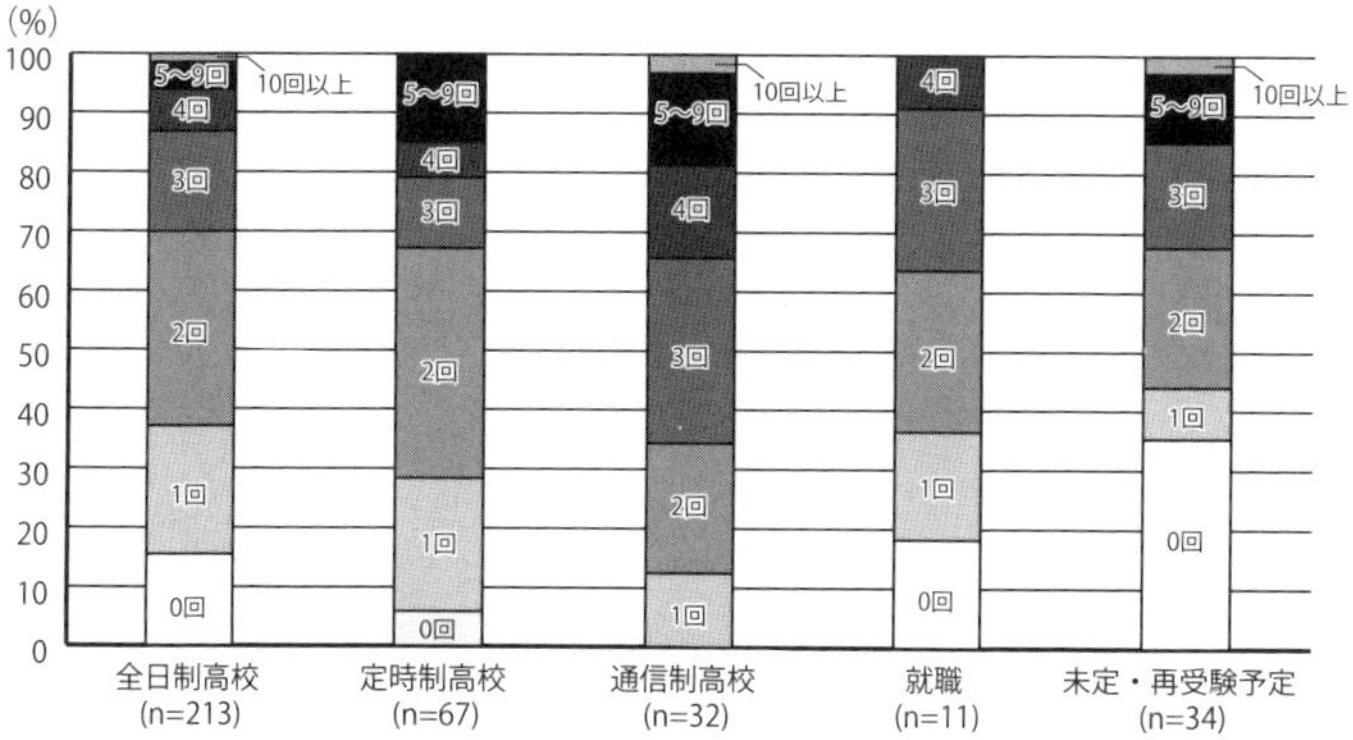

注：図に掲載したのは、同意書を提出した中学3年生375人（辞退は含まない）のうち、全日制高校・定時制高校・通信制高校に進学した者、就職した者、未定・再受験予定者を合わせた357人である。

出所：支援状況データ（2010年度）より筆者作成

較して、定時制高校や通信制高校へ進学した生徒の世帯への家庭訪問が多い状況が見てとれる。特に通信制高校に進学した生徒の世帯への家庭訪問が多い。

この要因の一つとして、通信制高校に通うことになった生徒には、不登校を経験している場合が多く含まれることが考えられる。こうした生徒に対しては、教室参加が難しくても、支援員によって家庭訪問を頻繁に行うという支援がなされているといえる。すなわち、不登校等の教育上の困難を抱えている世帯に対しては、特に家庭訪問によってアプローチしていると考えられる。

その一方で未定・再受験予定となった生徒については、家庭訪問が行われなかった者の割合が高い（35％）。これには同意書を提出したが家庭訪問等の支援を望まなかった世帯が多く含まれていると考えられる。またこれらの世帯では、学習教室にも参加していない生徒がほとんどであった。

したがってこれらの世帯の多くは実際には支援が入っていない世帯と考えられ、またこうした支援に対して積極的ではない世帯への対応は今後の課題といえる。

これまでも、生活保護受給世帯の中学生の不登校の割合が高いことや学習環境が十分でないこと等が事業者から指摘されてきた。以上のデータに基づく考察からも、学習支援事業が、教室参加だけではなく、家庭訪問を繰り返すことにより、生徒たちの教育環境を整える支援を行っていると考えられる。

4．学習支援の意義——子どもに直接届ける支援

本章では、筆者らが実施した生活保護受給世帯の中学生に対する「教育・生活アンケート」調査により、その生活実態や学習状況を明らかにしてきた。また2010年度の学習支援事業の支援状況の検討を行った。最後に、埼玉県の学習支援事業の意義を整理しつつ、今後の学習支援のあり方について、考えてみたい。

アンケート結果からは、第1に、各種調査の全国値と比較すると、生活保護受給世帯の中学生は、毎日朝食をとらない者、起床時間が遅い者など、生活のリズムが不規則な者が多いことが明らかになった。

第2に、学習状況については、平日・休日の勉強時間や宿題などで「全くしない」と回答する者が多くおり、家庭内での日常的な学習習慣が定着していないことがうかがえる。また自身の総合的な成績評価もクラスで「下のほう」という回答が50%を超えており、生活保護受給世帯の生徒において学力問題が生じている可能性が示された。

これまでも生活保護受給世帯の子どもについては、本人の学力問題だけにとどまらず、家庭内でも生活リズムの回復を含め、学習する環境を整えることが課題として指摘されてきた。本章で紹介した生徒本人によるアンケート調査結果からも同様の課題が観察されたといえよう。

埼玉県の学習支援事業は、家庭訪問と学習教室の二つの事業を柱として実施されている。学

習教室については、支援状況データを用いた検討からは、教室参加者の高校進学率は教室不参加者や未支援の中学3年生よりも高いことが示されており、教室参加者については成果をあげていると考えられる。また同じく支援状況データを用いた進学等状況別の家庭訪問状況の検討からも、(不登校の生徒が多いと考えられる)通信制高校へ進学する生徒の世帯への家庭訪問を頻繁に行うなど、支援員による家庭訪問というアウトリーチの取り組みと意義が改めて明らかになったといえる。

今後の生活保護受給世帯の学習支援のあり方を考えた時、生活保護受給世帯の子どもたちの現状から見て、学習教室ばかりではなく、家庭内の学習環境への支援が欠かせない。こうした取り組みは、各福祉事務所で実施されているケースワーカーの支援のみでは限界もあろう。ケースワーカーの支援は、世帯主等の成人がその中心にならざるをえず、世帯内の子どもへの支援まで手の届かないことがある。その点、学習支援事業の支援員は、子どもへの支援を行うことがその役割であり、子どもに対して直接の支援が行われる。

家庭訪問と学習教室という二つの事業運営が、一つのモデルとして参考になるのは、これまで注視されてこなかった生活保護受給世帯の教育や生活上の困難の解消に向けて、子どもに直接届く支援として考えられるためである。

第3部　生活困窮者支援の歴史的経緯

第2のセーフティネットから生活困窮者自立支援法へ

田中聡一郎

生活困窮者自立支援制度の導入の経緯を振り返れば、２００８年9月のリーマンショックが一つの転機であった。リーマンショック後、日本経済は大きく景気後退した。それに伴い、派遣労働者の「雇い止め」が増加するなど、労働市場の悪化もあり、住宅喪失者などの生活困窮者への対応が求められるようになった。一方、生活保護制度も、受給者の急増ばかりでなく、稼働年齢層（働ける可能性のある者）への就労支援、多重債務や精神疾患などの困難なケースへの対応など課題が山積していた。

そこで政府は、雇用保険と生活保護の間に位置する「第2のセーフティネット」（例：求職者支援制度、住宅支援給付、総合支援資金貸付など）と呼ばれる生活困窮者への自立支援策を整備した。また一部の自治体においては、伴走型のパーソナル・サポート・サービスのモデル事業も実施された。このような生活困窮者への支援という新たな課題に対応した取り組みが生活困窮者自立支援制度の導入前からあり、今回の制度化の基盤となった。

社会保障改革のなかには、消費税の引き上げをめざした「社会保障と税の一体改革」の動きがあった。そして、２０１２年8月に制定された社会保障制度改革推進法の附則には、生活困窮者対策及び生活保護制度の見直しに総合的に取り組むといった文言が盛り込まれた。さらには2013年1月の『社会保障審議会生活困窮者の生活支援の在り方に関する特別部会報告書』において、新たな生活困窮者自立支援制度構築の具体的な提案がなされた。こうした経緯から、2013年12月に生活保護法の改正とともに、生活困窮者自立支援法が制定されることとなった。

生活困窮者自立支援法は、必須事業として①自立相談支援事業、②住居確保給付金の支給がある。次に、任意事業として③就労準備支援事業、④一時生活支援事業、⑤家計相談支援事業、⑥学習支援事業などがある(詳細は、第1章を参照)。

生活困窮者自立支援制度は、2000年代に実施されてきた(特にリーマンショック以後)生活困窮者対策の制度の束のような性格を持つ。

すなわち、②住居確保給付金は第2のセーフティネットのなかで実現した、住宅を失った、または失う恐れのある求職者向けの住宅手当を取り込んだものであり、③就労準備支援事業や就労訓練事業は、生活保護自立支援プログラムやパーソナル・サポート・サービス事業の実施のなかで見出された就労困難者への支援、⑤家計相談支援事業はパーソナル・サポート・サービス事業で効果的であった支援を制度化したものである。ホームレス自立支援法の制定後、各自治体で取り組まれてきたホームレス支援(シェルター、自立支援センター)を、ホームレスだけでなく路上生活になるおそれがある者も含めて広く支援することにしたのが、④一時生活支援事業である。生活保護自立支援プログラムで実施されてきた⑥学習支援事業は、生活保護受給世帯だけでなく、生活困窮世帯の子どもたちに対しても実施されることとなった。

生活困窮者自立支援制度の各事業は、生活困窮者への支援という難題とともに事業展開をしてきた。その歴史的経緯を振り返り、生活困窮者自立支援制度の成り立ちを考え直してみたい。

第6章　就労支援の展開

金井　郁
四方理人

1.　就労支援の二つの流れ

職業訓練か自立支援か

本章では、2000年代後半の就労支援の展開を検証し、制度化につながった求職者支援制度および生活困窮者自立支援制度の意義を検討する。

2008年のリーマンショックを契機とする失業率の上昇に伴い、65歳未満の稼働年齢層の生活保護受給が増加するようになった。また障害や疾病などの特定の就労困難要因を持たない新たな就労困難者が見られるようにもなり、自立支援としての就労支援が展開されるようになった。就労支援は、政策立案過程においても実践現場においても、支援の対象者の範疇、就労困難度合いの把握の仕方、支援のあり方、政策の到達目標の立て方それぞれについて重点が異なっており、統一的な考え方が確立されているわけではない。

とはいえ、就労支援には大きく分けて二つの流れがあるといえる[1]。一つは、主に雇用保険の受給者を対象とした公共職業訓練等の「職業訓練」であり、もう一つは、生活保護受給者等を対象とした福祉政策の一環として実施された「自立支援」である。

リーマンショック以前の就労支援は、在職者や雇用保険を利用している離職者に対して、公共職業訓練を行うことが中心であった。しかし雇用保険を受給できない求職者や就労困難者が増えつつあり、従来の「職業訓練」を行っても、労働市場へ復帰することができないという問題が明らかになった。

そこで、就労支援は新たな役割を担うことになる。労働市場で十分な賃金を得られる仕事に就くことだけを目的とするのではなく、就労経験を得たり、就労を続けるための準備をしたりなど、社会生活上の「自立支援」として就労支援を行うようになった。

このような就労支援は、２００２年に施行された「ホームレスの自立の支援等に関する特別措置法」（ホームレス自立支援法）、同じく２００２年の「児童扶養手当法」および「母子及び寡婦福祉法」の改正による就業支援の導入、２００５年の生活保護制度における自立支援プログラムの導入、２００６年の「障害者自立支援法（現・障害者総合支援法）」など、福祉政策の試行錯誤のなかで形成されてきたといえる。これらの施策においては、それぞれの制度名にあるようにホームレス、母子世帯の母親、生活保護受給者、障害者を就労支援の主な対象としている。就労支援の中身としては、ホームレス自立支援法では、自立意欲を喚起させるための生活相談・指導から職業相談、技能実習、求人の開拓、トライアル雇用といったものであり（山田２００９）、また、母子世帯の就労支援の具体的内容は、職業相談、訓練費用の補助、ハローワークとの連携、といったものである（周２０１４）。

一方、リーマンショック以降、「職業訓練」としての就労支援にも変化が生じていた。２００９年度以前は、公共職業訓練の対象者の構成比は、「在職者：離職者：学卒者訓練＝40％台：50％程度：7〜8％」であったが、後で詳述する基金訓練の創設により離職者訓練の比率が大幅に高まり、２０１０年度には離職者の構成比は80・４％に達した。そのため、２００９年度を境に職業訓練の重心を明確に離職者、特に雇用保険受給のない求職者へ移したとの指摘もある（富田２０１３）。

本章では、この「職業訓練」と「自立支援」という二つの流れを振り返り、求職者支援制度と生活困窮者自立支援制度という現在の就労支援のあり方がつくられてきた経緯を明らかにし、その意義を明らかにしたい。

2．生活保護受給世帯の推移と自立支援プログラム

受給世帯の推移——生活保護から締め出される稼働年齢層

ではまず、自立支援プログラムが導入されるまでの経緯を見てみよう。

図1　世帯保護率(‰)と保護世帯に占める稼働世帯割合(%)および失業率(‰)

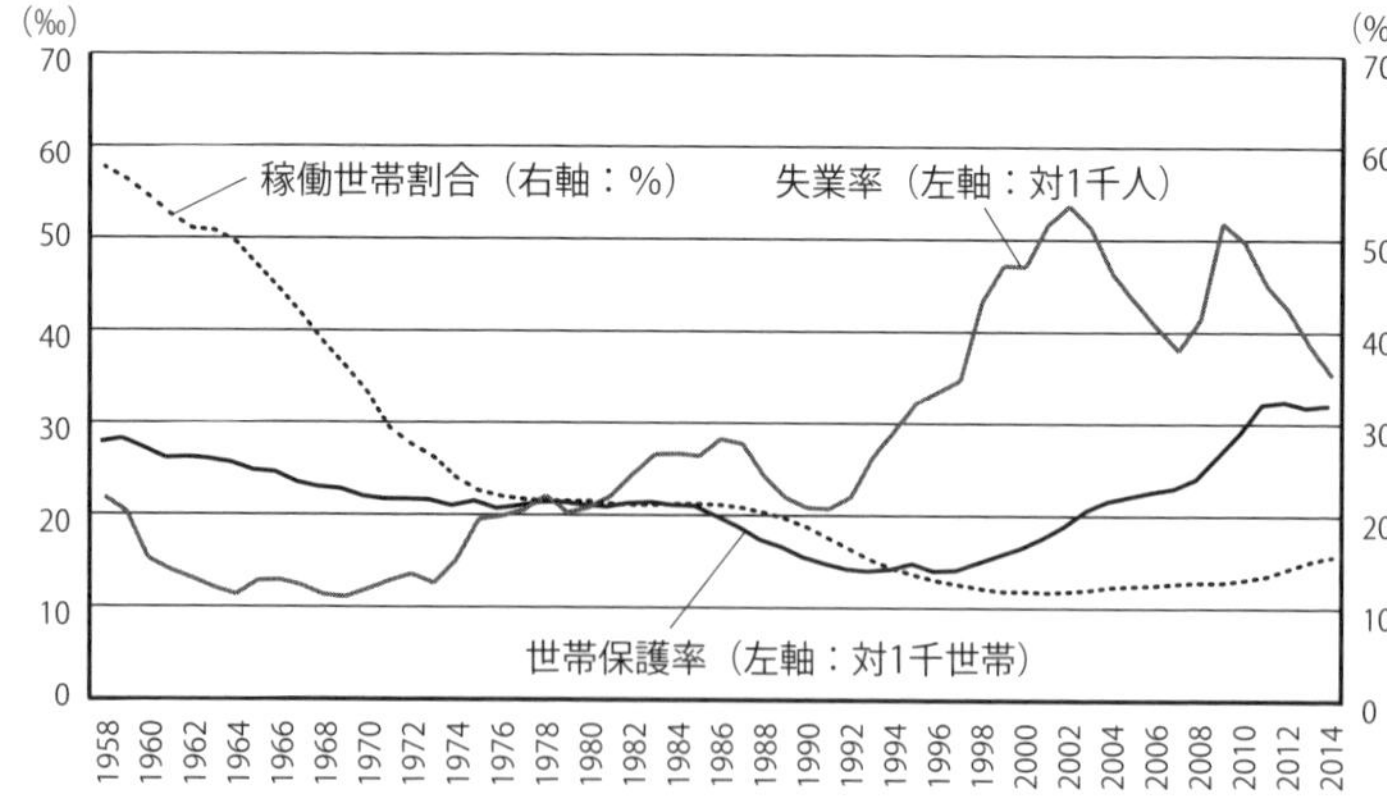

注：稼働世帯割合は、保護世帯のうち、働いている者のいる世帯の占める割合である。なお、いずれの指標も年度平均としている。

出所：国立社会保障・人口問題研究所『「生活保護」に関する公的統計データ一覧』より筆者作成

生活保護制度は、各人の権利として保護を申請し、保護が必要な状態にあると判定されれば、無差別平等に最低限度の生活が保障される。しかし、保護の補足性の原理から、利用しうる資産、能力その他あらゆるものを活用しなくてはならず、雇用保険からスムーズに移行しうる制度とは言い難い状況であった（丸谷2011）。生活保護制度においては稼働能力（働いて収入を得ること）の活用を厳格に求める運用によって、稼働能力がある人々は生活保護を利用することから締め出される問題が指摘されてきた（冨江2010）。

そこで保護率と生活保護受給者の属性の変化との関連から生活保護制度の展開について振り返ってみよう。

まず、図1の実線の世帯保護率（以下、保護率）を見てみよう。1960年代に保護率は徐々に低下し、１９７０年代では約20パーミル（千分率：１千世帯当たりの世帯数）の水準で安定的に推移したが、１９８０年代後半に急速に低下し始める。その後、保護率は１９９０年代後半に上昇し始め、２０００年代末に急速に上昇し、２０１１年には30パーミルを超え、１９６０年代初頭の水準を上回る。

保護率を失業率との関係で見ると、１９６０年代と１９８０年代後半の保護率が低下する時期においては、失業率も低下している。労働市場が逼迫し就職しやすくなる時期には、生活保護受給者が減少すると考えられる。しかし、１９７０年代では失業率が上昇するにもかかわらず保護率は上昇していない。また、１９９０年以降バブル経済の崩壊に伴い世界的に見て低位で推移してきた失業率が急速に上昇したが、保護率はかなり遅れて上昇したことが見てとれる。そして、２０００年代前半の失業率の低下局面でも保護率の上昇は続き、２００８年のリーマンショック以降の失業率の上昇局面で、保護率が大きく上昇した。その後、２０１０年代の失業率の低下局面において保護率の上昇が止まっている。近年になって再び、保護率と失業率が関連してきているといえる。

次に、点線の稼働世帯割合は、保護世帯のうち働いている者のいる世帯が占める割合である。１９６０年代の保護率の低下期には、稼働世帯割合が急速に低下している。また、１９８０年代後半の保護率が低下する時期においても、稼働世帯割合が低下している。

図２は生活保護世帯の世帯類型別割合の推移を示している。保護世帯に占める「その他の世

図2　生活保護受給世帯の世帯類型別割合

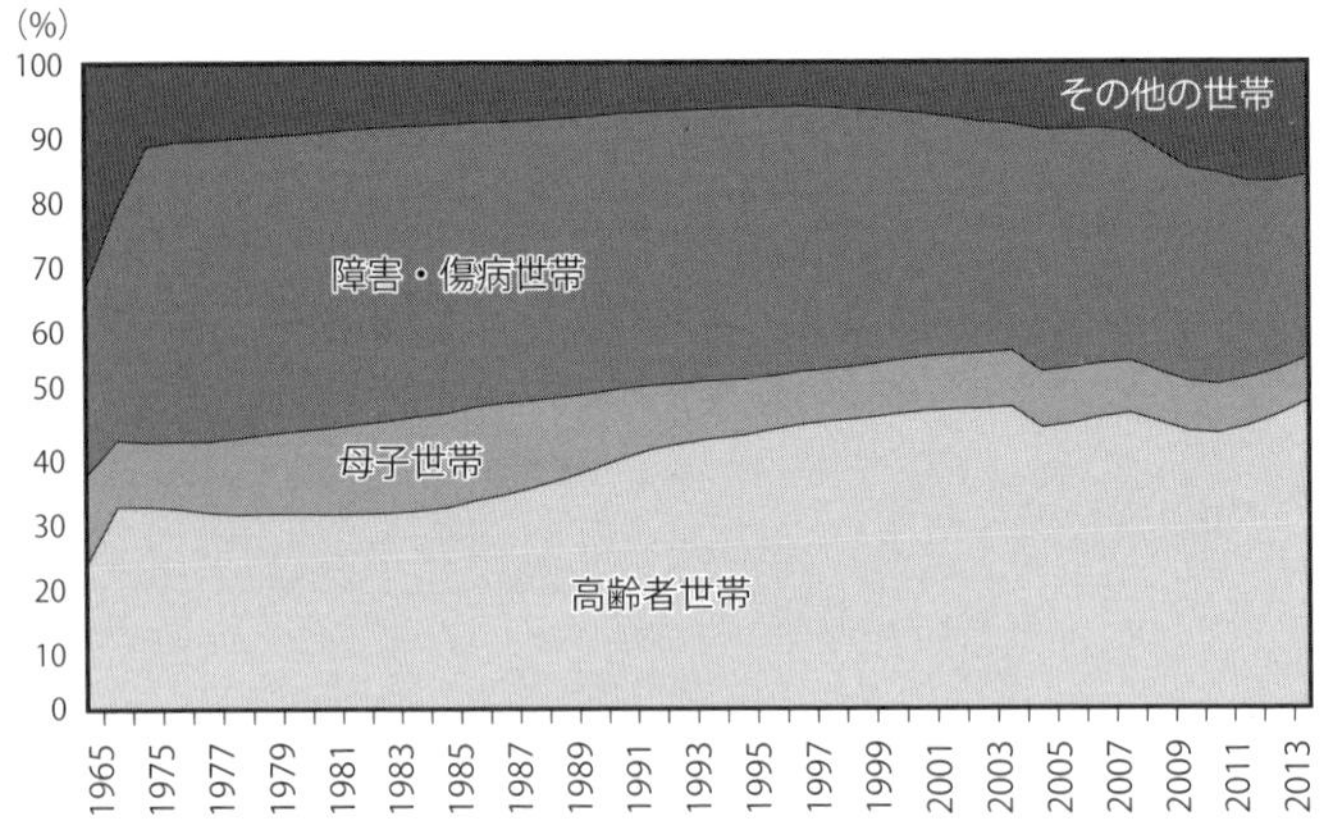

出所：国立社会保障・人口問題研究所『「生活保護」に関する公的統計データ一覧』より筆者作成

図3　世帯類型別の稼働世帯割合

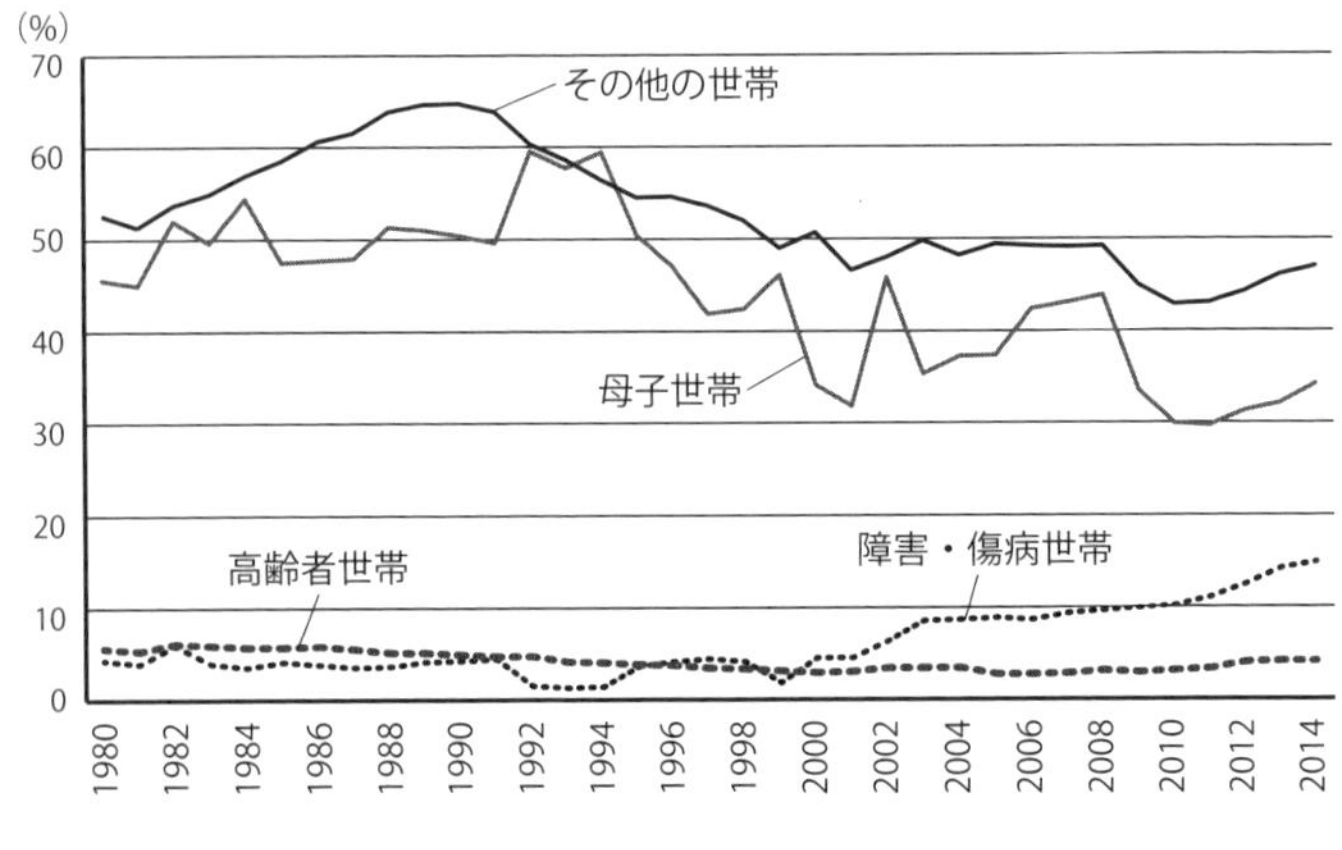

出所：国立社会保障・人口問題研究所『「生活保護」に関する公的統計データ一覧』より筆者作成

帯」（高齢者世帯、障害・傷病世帯、母子世帯以外の世帯）の割合は、１９６５年の34・０％から１９９５年の６・９％まで低下し、同じく「母子世帯」の割合は１９８５年の14・６％から１９９５年では８・７％へ低下した。よって、図１に見られる稼働世帯割合の低下は、主に「その他の世帯」と「母子世帯」の生活保護受給の減少が理由であると考えられる。

２０００年代においては、保護率は急速に上昇したが、リーマンショックを経験する２００８年あたりまで稼働世帯割合はほとんど上昇しておらず、２０１０年に入り失業率が低下する局面で稼働世帯割合の上昇傾向が見てとれる（図１参照）。

図２によると、１９９０年代後半まで、「母子世帯」と「その他の世帯」の割合が低下し「高齢者世帯」の割合が上昇している。[2] ２０００年代に入り「その他の世帯」の割合が上昇し、「障害・傷病世帯」の割合が低下した。[3] 特に、２００７年の10％から２０１２年の17％と、リーマンショックの前後で「その他の世帯」の割合が大きく上昇した。

図３は、生活保護受給世帯の世帯類型別の稼働世帯割合である。１９９０年代前半まで、「母子世帯」と「その他の世帯」は、高い割合で就労していたが、失業率が上昇する１９９０年代後半には就労する割合が低下した。そして、リーマンショックが発生する２００８年を境に「その他の世帯」と「母子世帯」の稼働世帯割合は大きく落ち込む。ただし、２０１０年を過ぎると稼働世帯割合はやや増加している。

このように１９６０年代から１９９０年代にかけて保護率の低下とともに、稼働世帯割合も低下してきた。これは、「その他の世帯」や「母子世帯」などの稼働年齢層の生活保護受給が減る一方で、就労が難しい「高齢者世帯」や「障害・傷病世帯」の割合が上昇してきたことによる。したがって、生活保護が就労可能でない非稼働世帯に絞り込まれてきたといえよう。

1990年代に入り失業率が高い水準となるが、1990年代後半まで保護率は上昇せず、また、稼働世帯割合の変化は小さかった。しかしながら、1990年代後半以降、保護率は上昇し、2000年代前半の失業率の低下局面でも保護率は上昇し続けることになる。これは、高齢単身世帯の増加により、高齢者の多くが生活保護を受けるようになったためである（四方・田中2011）。すなわち、この時期までは稼働年齢層の生活保護受給は難しく、失業率が保護率に与える影響はわずかであったと考えられる。

しかし、2000年代後半の保護率の大幅な上昇は、リーマンショック後の失業率の上昇に伴い、働くことができると考えられてきた「その他の世帯」が生活保護を受給するようになったことが要因として大きい[4]。ただし、リーマンショック直後は、図1で見たように生活保護受給世帯における稼働世帯割合は上昇せず、2010年以降になってから稼働世帯割合が上昇する。

生活保護自立支援プログラム――稼働年齢層への支援をどうするか

ここまで見てきたように、2000年代後半以降、生活保護制度は労働市場の影響を受けるように変化したと考えられる。それまでは稼働能力がある人々は生活保護を受給するのが難しい状況にあり、保護率は失業率の変化にほとんど反応しなかった。

ところが、1990年代後半以降の保護率の上昇に伴う生活保護受給者の変化のなかで、生活保護受給者に対する就労支援の可能性が模索されるようになった。そして、2005年度から生活保護受給者に対する自立支援プログラムが導入されることになる。

自立支援プログラムの導入を決定づけたのは、2004年に出された社会保障審議会福祉部会「生活保護制度の在り方に関する専門委員会」報告書である。報告書では、生活保護制度を「利用しやすく自立しやすい制度」にする方向性が示された。生活保護における自立支援の概念を大きく見直し、就労による経済的自立のための支援（就労自立支援）だけではなく、身体や精神の健康を回復・維持し、自分の健康・生活管理を行うなど日常生活において自立した生活を送るための支援（日常生活自立支援）や、社会的なつながりを回復・維持するなど社会生活における自立支援（社会生活自立支援）も含むように提言した。

実際、「自立支援プログラム」の先進的な事例では、いきなり「稼働能力を活用せよ」と生活保護受給者に目先の就労を迫るのではなく、就労の前提として生活保護受給者が抱える多様な問題を解決する必要性を認識し、生きる力、社会的つながりをつけることを目的に、日常生活自立支援、社会生活自立支援に取り組むという「就労のための福祉」を重視しているとして（布川2007）、肯定的に評価されてきた。

また、図2（144ページ参照）で見たように、2000年代後半以降、生活保護を受給する「その他の世帯」が増え、稼働年齢層が生活保護を従来よりも受給しやすくなった可能性がある。自立支援プログラムの導入や経済状況の変化が、就労していない稼働年齢層に対するセーフティネットと支援のあり方の問題点を顕在化させたことで、対策の必要性も認識されるようになっていった。

3．求職者支援制度の創設と展開(5)

求職者支援制度の創設――雇用保険が受給できない求職者への職業訓練

本節ではまず、「職業訓練」としての就労支援と就労困難者の就労支援といった二つの方向性から進められた、求職者支援制度の導入過程と展開を見る。

リーマンショック以降、製造業を中心に雇用調整が行われた結果、非正規労働者が突然解雇され、同時に家も失い、失業給付も得られないために当面の生活が突如として成り立たなくなるといったことが生じた。そして、こうした非正規労働者のセーフティネットの脆弱性が「年越し派遣村」報道などでクローズアップされた。

そこで政府は、2009年に雇用保険法を改正し、失業給付の受給要件の緩和を行うとともに、新たに求職中の者の生活支援を含めた雇用対策を早急に検討することとなった。

当時の麻生内閣は職業訓練、再就職、生活への総合的な支援を盛り込んだ「経済危機対策」をまとめ、緊急人材育成支援事業を実施した。同事業は、ハローワークが雇用保険を受給できない者を対象に、民間の訓練実施機関が行う職業訓練（基金訓練）を斡旋し、所得制限等の一定要件[6]の下で、職業訓練期間中の生活保障として「訓練・生活支援給付」を支給するものであった。緊急人材育成支援事業は、あくまで予算措置による２０１１年度末までの時限事業であったが、恒久的な制度となる求職者支援制度の前身となった。

２０１１年10月からは、求職者支援制度が施行された。対象者は特定求職者と呼ばれ、雇用保険を受給できない者で、就職を希望し支援を受けようとする者、かつ公共職業安定所長が認めた者とされた。具体的には、雇用保険の受給終了者、雇用保険の受給要件を満たさなかった者、雇用保険の適用がなかった者、学卒未就職者、自営業廃業者等が想定されている。ハローワークでの相談を経て、適切な訓練受講が指示され、個別に就職支援計画が作成される。訓練期間中および終了後3カ月間は毎月定期的にハローワークへの来所が求められ、就職支援が行われる。

また職業訓練を受けることを容易にするために、特定求職者に対して職業訓練受講給付金が支給されることになった。職業訓練受講給付金は月に10万円で、給付金支給の要件は①収入が8万円以下、②世帯の収入が25万円以下、③世帯の金融資産が３００万円以下、④現に居住する土地・建物以外に土地・建物を所有していない、⑤訓練の全ての実施日に訓練を受講している（やむをえない理由により受講しなかった実施日がある場合にあっては8割以上）、⑥世帯に他に当該給付金を受給し訓練を受講している者がいない、⑦過去3年以内に失業給付等の不正受給をしていない、を満たすことである。

受給できる日数は訓練を受講している期間で、基本的には1年を上限とし、別途、交通費も支給される。財源は、構想段階では一般財源を充当する制度であったが、２０１１年度予算編成作業の過程で一般会計のみによる財源確保が難航したため、労使が拠出する雇用保険料も財源に含めることが決定され（塩田２０１１）、雇用保険の付帯事業として成立した。

基金訓練から求職者支援制度への移行による変更点

次に、求職者支援制度がめざしていた就労支援を明らかにしよう。

求職者支援制度は、能力開発の機会がなく（再）就職が困難な者に対して、職業訓練とその間の生活支援を行うことで安定的雇用につなげることが政策スキームである。

この制度を検討した労働政策審議会では、求職者支援制度が雇用政策なのか福祉政策なのか、つまり失業時の生活保障に重点があるのか、再就職支援に重点があるのかが議論となった。成立した求職者支援制度は、再就職支援に軸足が置かれ、雇用政策の比重が高くなったと考えられる。それは、失業時の生活保障として考えられる給付金の制度趣旨が、生活の支援を通じて訓練の受講を容易にしていくことであり[7]、生活保障というより訓練受講を促す手段として位置づけられていることからも明らかである。

基金訓練から求職者支援制度への移行によって、主に二つの変更がなされた。またその変更は求職者支援制度の雇用政策としての特徴を表していると考えられる。

第1の変更点は、就労支援の政策目標において、就職率を用いることになった点である。基金訓練の時も就職率60％の達成をめざしてはいたものの、訓練実施機関に対するペナルティーはなく、政策効果の進捗把握は受講率・開講数を中心に行われていた。しかし求職者支援制度では、基礎コースでは就職率60％、実践コースでは就職率70％の達成を目標として掲げた。

そしてこの政策目標の変化に伴って、政策の実効性を高めるために、受講生および訓練実施機関に対して、次のような基準を適用することにした。

受講生に対しては、現金給付である職業訓練受講給付の受給を目的とした受講や、就職に結び付かない個人的な興味などによる受講を防ぐために、職業訓練受講給付金の受給要件に8割以上の出席率を求めることとした。また訓練実施機関に対しては、求職者支援制度の実施機関として認定を受けるために、就職率実績を求めた。一方で、受講者の就職実績に応じた認定職業訓練実施奨励金（1カ月当たり、基礎コースは1人6万円、実践コースは1人5～7万円）を、訓練実施機関に支給することとした。(8)

こうした政策変更は、「就職する意欲と能力を持つ」者に訓練対象者を限定することを意図しているものと考えられる。

第2の変更点は、基金訓練では重点が置かれていなかった[9]社会人としての基本的なスキルや意欲喚起などを目的としたコース設計がされていることである。就職に必要なコミュニケーション能力などを付与することがめざされ、就職ガイダンス・指導などのキャリア形成支援を中心にコースを設定している。

具体的には求職者支援制度には、多くの職種に共通する基礎能力を習得するための「基礎コース」と、特定の職務に必要な実践能力を習得するための「実践コース」の二つのコースがある。両コースの訓練期間は共通して3カ月から6カ月の訓練となっており、どちらのコースも自己理解や人間関係スキル等に関する科目（職業能力基礎講習）が組み込まれている。なお基金訓練のように連続受講は認められず、内容に重複のない基礎コースから公共職業訓練への連続受講のみが認められた。

求職者支援制度の展開――利用者が減少するなかでカリキュラム変更

求職者支援制度は、2014年と2016年に改正されている。いずれの改正も景気が上向きになり、労働市場の環境が改善し、求職者支援制度の利用者数が減少するなかでの改正である。

先述のとおり、求職者支援制度は講座数の確保や受講率よりも、就職率を厳しく問う制度として成立した。そのため、訓練機関は認定基準として就職実績が求められ、受講者には出席率を厳しく問う制度であった。その結果、訓練実施機関は以前よりも講座数を減らし、また求職者も求職者支援制度の利用を控えてしまうという課題が生じていた。

そこで2014年の改正では、訓練実施機関に対しては、①認定基準（就職率）の緩和、認定職業訓練実施奨励金の支給要件の緩和を行い、積極的に事業展開を行うインセンティブを付与した。その一方で、②就職率の算定において、それまで認められていた「日雇い」などのカウントをやめ、安定就職に向けた支援とするため、「雇用保険が適用される就職」のみを算定対象とすることとした。

さらに2016年の改正では、求職者支援訓練の受講者数が大幅に減少しており、その対応として求職者のニーズを捉えた事業へ転換する必要があるとうたわれた。特に、同制度の受講者には女性が多いため（155ページ図4参照）、女性活躍促進を意図した変更がなされた。また人手不足分野の解消を視野に入れた変更もなされた。

具体的には、①ニーズに合わせて、基礎コースにおいては、社会人スキルを習得するための訓練を拡充する層と省略可能な層に分け、訓練期間を短くできるようにした。また実践コースにおいても、カリキュラム上、「社会人スキル」の習得をなくし、就職希望職種における職務遂行のための技能訓練として位置づけし直した。②女性の活躍推進として、託児サービス支援つき訓練コースを創設し、育児中の場合1日の訓練時間を短くして、女性がより受講しやすくなるものに変更した。③人手不足対応としては、建設業の人手不足に対応して、同分野の内容を含む技能講習の奨励金の額を引き上げている。

これらの求職者支援制度の変更によって、職業経験の少ない者に対して社会人スキルの習得を拡充する一方で、技能習得をめざす者への支援を職業訓練に特化し、明確に分化したと考えられる。

求職者支援制度の現在――利用者の7割が女性

図4は、基金訓練と求職者支援制度の訓練受講者数と女性比率の推移を示している。

前項でも述べたように、景気が上向くとともに、基金訓練（訓練・生活支援給付）から求職者支援制度へ変更するなかで、就職率を政策目標とした制度変更が行われたため、利用者が大きく減少している。その一方で、女性の利用者割合が高まっている。

そこで2015年度の求職者支援訓練（実践コース）の、分野ごとの男女別受講者割合のデータについて述べてみよう。IT分野で男性が67・4％と過半数を超えるが、それ以外では営業・販売・事務24・6％、介護福祉37・7％、医療事務2・8％、デザイン37・4％、その他21・6％と男性の受講者割合は半数に満たない。

男女別の就職率の違いは不明だが、分野別の就職率（雇用保険適用就職率）では2015年度実践コースで介護福祉が72・1％と他分野より高いものの、IT61・6％、営業・販売・事務58・4％、医療事務63・6％、デザイン54・9％と就職率に大きな違いは見られない。な

図4　基金訓練と求職者支援制度の訓練受講者数と女性比率の推移

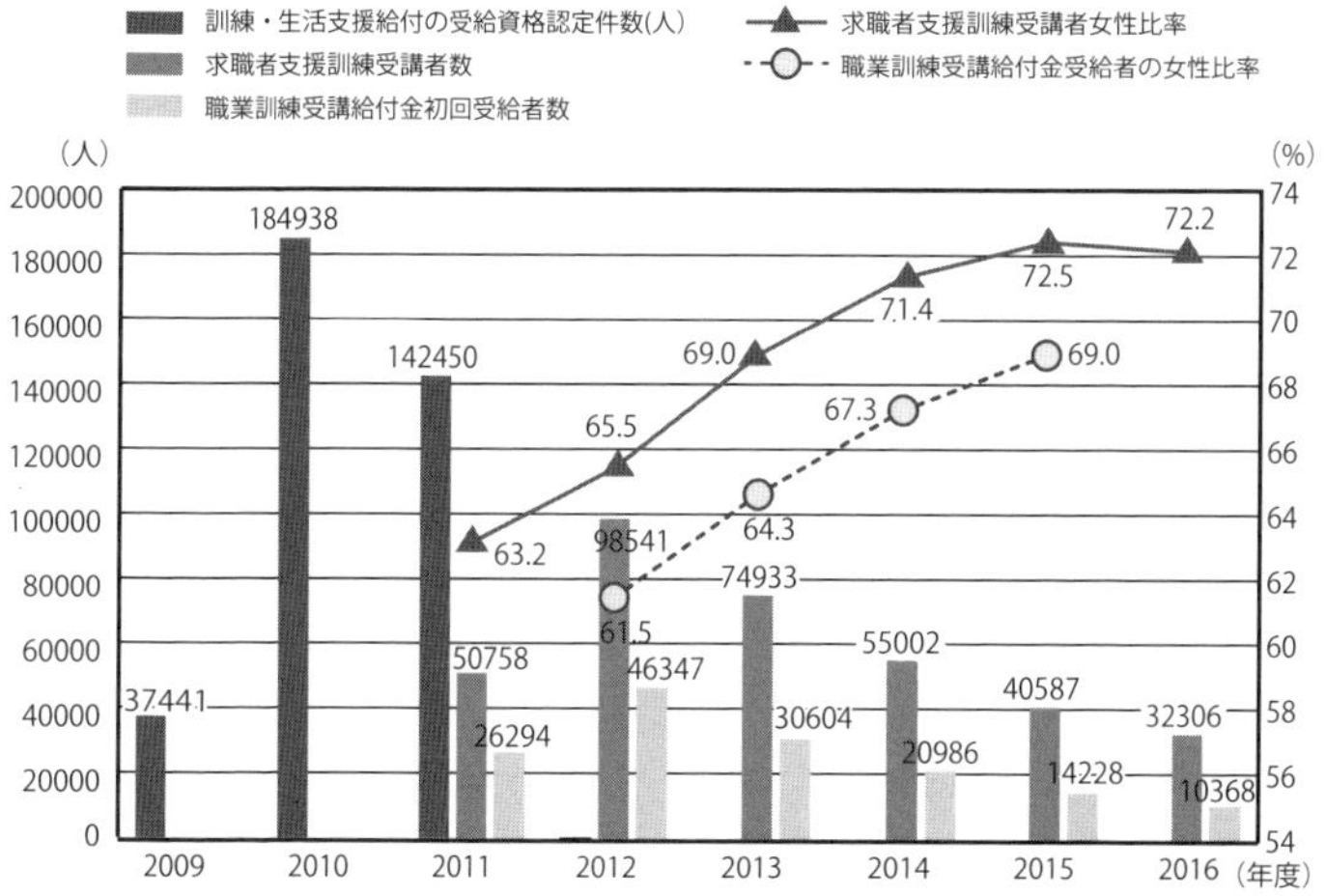

注１：職業訓練受講給付金受給者の女性比率は第 118 回雇用保険部会資料より作成。2016 年度の求職者支援訓練受講者の女性比率については、厚生労働省に問い合わせた。職業訓練受講給付金の初回受給者数は各年度の 5 月〜翌年 4 月の数字となっている。

注２：2009 年度〜 2012 年度の訓練・生活支援給付の受給資格認定件数および 2013 年度の職業訓練受講給付金初回受給者数については、厚生労働省に問い合わせた。

注３：訓練・生活支援給付は 2009 年 7 月 29 日から、職業訓練受講給付は 2011 年 10 月 1 日から開始され、求職者支援制度が施行された後も訓練・生活支援給付は移行措置によって 2012 年度まで支給されている。

出所：厚生労働省（2017a）「求職者支援制度の実施状況」より筆者作成

お、サンプル調査であるが、属性別の就職率を検討した労働政策研究・研修機構（2014）の調査によれば、女性受講者比率が高い分野で就職率が高い傾向が示されている[10]。

求職者支援制度は就職率を制度目標としていることから、就職率が高い分野で訓練が提供・開講される傾向にあるだろう。そのため、訓練実施機関としても、利用者が多く就職率が高い分野において講座を設置することが最も効率的になる。

4. 生活困窮者自立支援制度の創設と展開

生活困窮者自立支援制度の創設──就職経験のない者への就労支援

本節では、求職者支援制度とともに、なぜ生活困窮者自立支援制度のなかにも就労支援が必要とされたのかを検討する。

リーマンショックの後、緊急的な対応として住宅支援給付や総合支援資金貸付が導入され、仕事や住まいを失った生活困窮者に対して住宅支援や生活支援が行われるようになった。先述のとおり、雇用保険の給付が受けられない求職者に対しても、2009年には基金訓練を開始し(2011年からは求職者支援制度)、職業訓練と訓練期間中の現金給付を行うこととなり、雇用のセーフティネットの緊急的な整備が図られた。

その一方で、地方自治体では、高齢や失業、母子といった従来型の生活困窮の形だけでなく、引きこもりや精神疾患など、支援のノウハウが十分でない新しい生活困窮の問題が生じつつあった。こうした問題に対し、一部の先進自治体では、内閣府の事業であるパーソナル・サポート・サービスを導入し、「伴走型支援」として継続的にサポートをすることを開始した。

こうした第2のセーフティネットは緊急的な施策を展開するものの、全国的な展開には至らず、さらなる体系化が必要となった。そのため民主党政権のなかで生活支援戦略や「社会保障と税の一体改革」の検討を始めると、新たな生活困窮者支援のあり方の議論が本格化するようになった。

まず2012年、社会保障審議会「生活困窮者の生活支援の在り方に関する特別部会」で具体的施策の検討が始まった。同部会の報告書では、「生活困窮者の実情に見合って実効性が期待できる多様な施策を導入する」ことの必要性がうたわれ、それ以前に成立した求職者支援制度では生活困窮者の実情に合っていないとの指摘も出た。

特に、生活困窮者の就労意欲の喚起のためには、その前提としての動機づけ、一般就労に向けた基礎能力の形成など、いくつかの段階をもうけることが必要であることが指摘され、「就労準備支援事業」の構想を展開していった。

同事業は、生活困窮者の段階に応じて、①社会参加のために必要な生活習慣の形成や回復のための訓練、②就労の前段階として必要な社会的能力を身につけるための訓練、③継続的な就労経験の場を提供し、一般就労に向け就職活動をするために必要な技法や知識の習得等の支援を行う訓練、といった段階別の支援内容とすべきとされている。対象者についても、稼働年齢世代で、既存の職業紹介や求職者支援制度等の就労支援の対象者となりにくく、にもかかわらず直ちに一般就労することが難しい者とされ、一般就労の就職率や出席率が問われる求職者支援制度の対象からこぼれ落ちる者がいることを明確に指摘している。

以上のように、リーマンショック以降、住宅・生活支援や求職者支援制度が緊急的に導入されたものの、就業経験や意欲が乏しい生活困窮者などへのさらなる就労支援の必要性から、生活困窮者自立支援法のなかに、生活支援とともに就労支援が体系化されることとなった。支援対象者はあえて限定せず、就労が困難となる特定の理由を持たない者をひとくくりにして就労困難者として対象化している。というのも、引きこもりや中高年の長期離職者への支援は、従来の制度別の就労支援ではカバーすることができないからである。

成立した生活困窮者自立支援制度における就労支援

2015年、生活困窮者自立支援制度が開始された。就労支援として、就労準備支援事業と就労訓練事業を組み入れ、就労に向けて、本人のステージに応じたきめ細かな支援策を実施することをめざしている。

就労準備支援事業とは、一般就労に従事するための基礎能力の形成を目的とし、日常生活自立、社会生活自立、就労自立という3段階の支援を行うものである。就労訓練事業は一般就労が困難な生活困窮者に対して、清掃やリサイクル、農作業などの作業機会の提供を通じた就労訓練（いわゆる「中間的就労」）を行う（図5参照）。

また就労に向けた状態に応じて、就労支援の手法を変えられるようにしているのが特徴である。具体的には、1．自主的な求職活動により就労が見込まれる者、2．就労に向けた準備が一定程度整っているが、個別の支援により就労が見込まれる者、3．2の者と比較すると就労に向けた準備が不足しているが、ある程度時間をかけて個別の支援を行うことで就労が見込ま

図5　対象者のステージに応じた就労支援

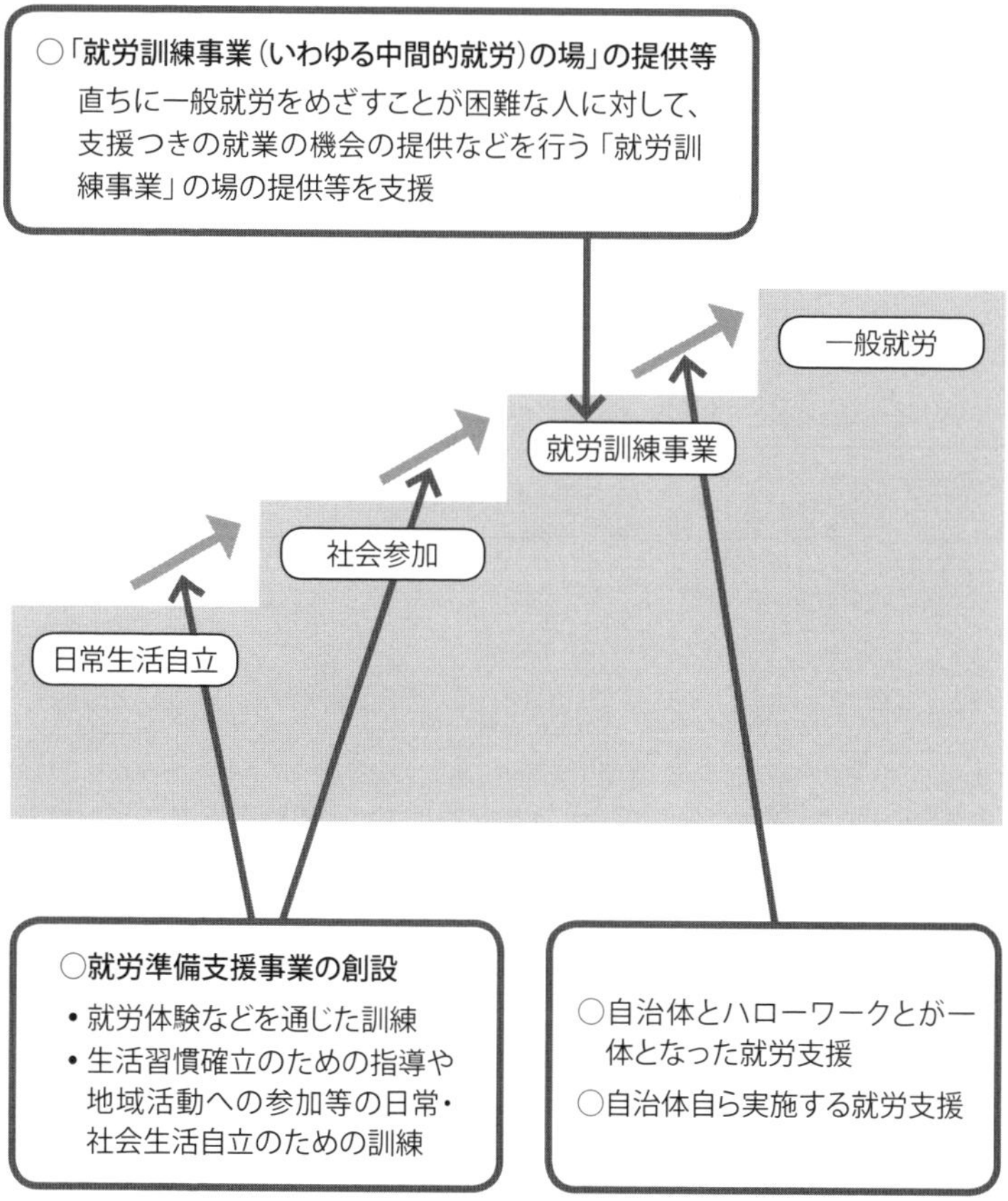

出所：厚生労働省（2015）「生活困窮者自立支援制度について」

表1　生活困窮者の就労支援ニーズと就労支援の体系

対象者の状態	支援主体・事業	支援内容
1. 自主的な求職活動により就労が見込まれる者	ハローワークの一般職業紹介	一般的な職業相談・職業紹介 ※公共職業訓練・求職者支援制度も利用。
2. 就労に向けた準備が一定程度整っているが、個別の支援により就労が見込まれる者	生活保護受給者等就労自立促進事業 ※自立相談支援事業の就労支援員とハローワークの担当者によるチーム支援	（ハローワーク） 担当者制によるキャリア・コンサルティング、職業相談・職業紹介、公的職業訓練による能力開発、個別求人開拓、就労後のフォローアップ　等 （自立相談支援事業の就労支援員） 対象者の選定、ハローワークへの支援要請等
3. ２の者と比較すると就労に向けた準備が不足しているが、ある程度時間をかけて個別の支援を行うことで就労が見込まれる者	自立相談支援事業の就労支援員	就労意欲の喚起を含む福祉面での支援とともに、担当者制によるハローワークへの同行訪問、キャリア・コンサルティング、履歴書の作成指導、面接対策、個別求人開拓、就労後のフォローアップ　等
4. 生活リズムが崩れている、社会との関わりに不安がある、就労意欲が低いなどの理由で、就労に向けた準備が整っていない者	就労準備支援事業 ※自立相談支援事業の就労支援員が、ボランティア、就労体験などの場を提供することもあり得る（就労準備支援事業に比べ簡素・軽微なものを想定）	就労に向けた準備としての基礎能力の形成からの支援を、計画的かつ一貫して実施
5. 就労への移行のため柔軟な働き方をする必要がある者	就労訓練事業（中間的就労）	支援付きの就労・訓練の場の提供 ※自立相談支援事業の就労支援員は、就労訓練事業者の開拓を実施。

※自立相談支援事業の就労支援員は、上記のほか、利用者の状態の定期的・継続的な確認を行う。また、就労意欲が希薄等の理由により就労準備支援事業の利用に至らない者に対する就労意欲の喚起、セミナー開催等必要な就労支援を実施。
出所：厚生労働省（2015）「生活困窮者自立支援制度について」

れる者、４．生活リズムが崩れている、社会との関わりに不安がある、就労意欲が低いなどの理由で、就労に向けた準備が整っていない者、５．就労への移行のための柔軟な働き方をする必要がある者、といった状態の違いによって、生活保護受給者等就労自立促進事業、自立相談支援事業の就労支援、自立相談支援事業における無料職業紹介、就労準備支援事業、就労訓練事業（中間的就労）といった事業のなかから合うものを選択できる（表1参照）。

課題としては、就労準備支援事業と就労訓練事業は任意事業で、また自治体の負担もあることから、実施率が低調である点がある。２０１６年度の実施率は３５５自治体で39％、就労訓練事業の認定状況は２０１６年12月31日現在で全国７８１件、利用定員合計は２３３２人となっている（厚生労働省２０１７ｂ）。

就労準備支援事業を必須化すべきという意見は、審議会のなかで多数出されたものの、マンパワーや委託事業者の不足といった状況が課題としてあげられ、いまだ必須事業化はされていない。しかし、どちらも実施率を上げていくことがめざされている。

就労支援の現状――一般就労での成果

生活困窮者自立支援制度は、どのような政策目標が立てられて進捗管理されているのだろうか。生活困窮者自立支援法に関する政府の目標[11]は、新規相談件数を２０１８年度に年間40万人（人口10万人１カ月当たり換算で26件）、プラン作成件数を２０１８年度に新規相談件数の50％

としている。また就労支援対象者数をプラン作成件数の60％、就労・増収率を2018年度に75％[12]、1年間でのステップ・アップ率を2018年度に90％としている。

ステップ・アップ率は、2017年度から追加された指標であり、支援による生活困窮者の状態像の改善（ステップ・アップの状況）を把握することを目的とした指標である。具体的には「新たな評価指標」により、ステップ・アップ状況は、①意欲・関係性・参加に関する状況、②経済的困窮の改善に関する状況、③就労に関する状況といった分野について、段階的に本人の状態・状況変化を把握できるように設計されている。

③就労に関する状況についての把握方法を詳しく見てみると、「1．就労のために本人、周囲、環境の準備が必要である」、「2．1の準備は概ね整っているが、支援付きの柔軟な働き方が必要である」、「3．1の準備が概ね整い、一般就労に向けて活動中」、「4．一般就労した・している（定着期間中・増収に向けて活動中）」、「5．定着・増収を実現し、就労自立した」という5段階の指標が設定されている。就労に結び付かなくても対象者の途中のステップ・アップの状況自体を到達目標に掲げることで、支援の意義を明らかにしている。

図6で見るように、生活困窮者自立支援制度の相談受付、支援決定に関する男女比は、求職者支援制度とは異なり男性が6割と若干高くなっている。相談受付や支援決定の男女比については、2016年現在、失業期間が1年以上の長期失業者のうち男性が77・6％を占めている（総務省統計局「労働力調査」）ことを考慮すると、男性比率が高くなるのは整合的であるとい

図6　生活困窮者自立支援制度の相談受付、支援決定に関する男女比

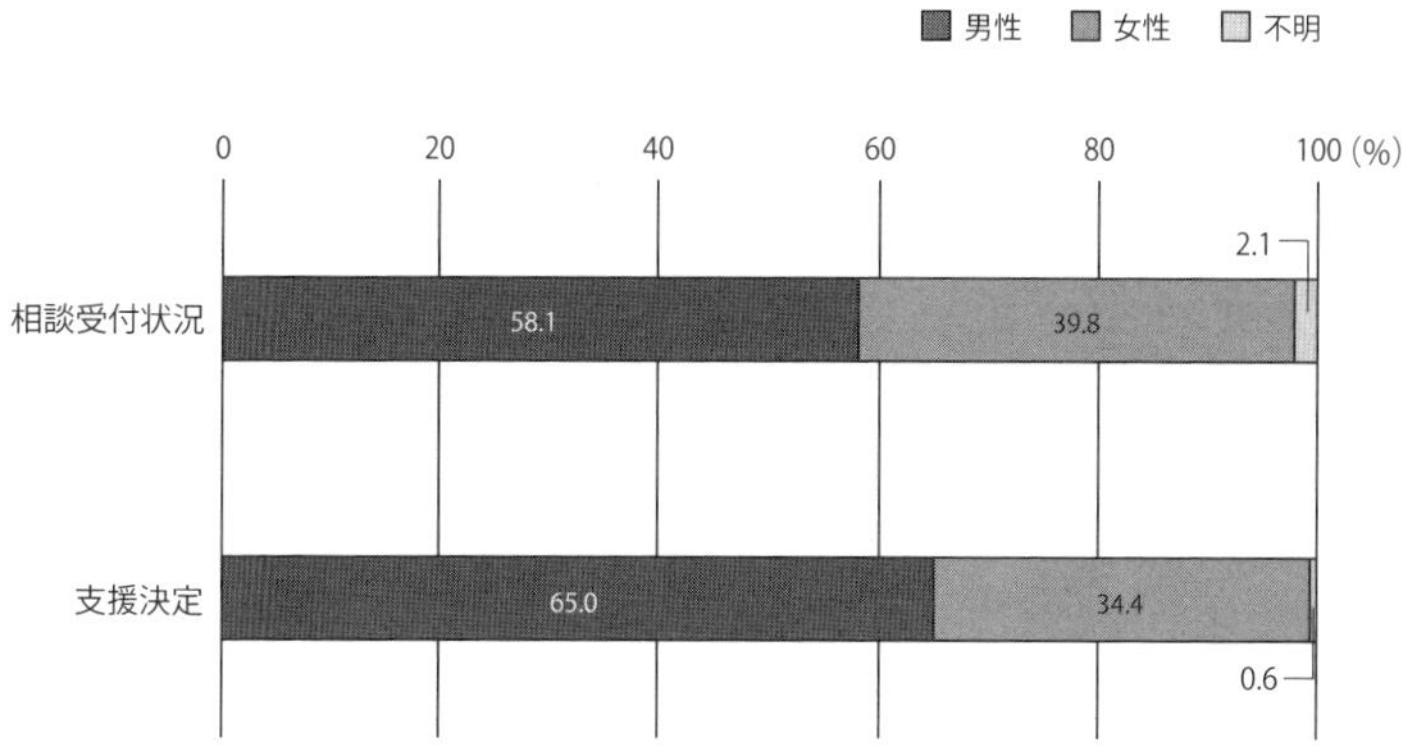

出所：みずほ情報総研（2017）「生活困窮者自立支援制度の自立相談支援機関における支援実績の分析による支援手法向上に向けた調査研究事業　報告書」より作成

図7　男女別の支援決定・確認ケースにおける変化の内容

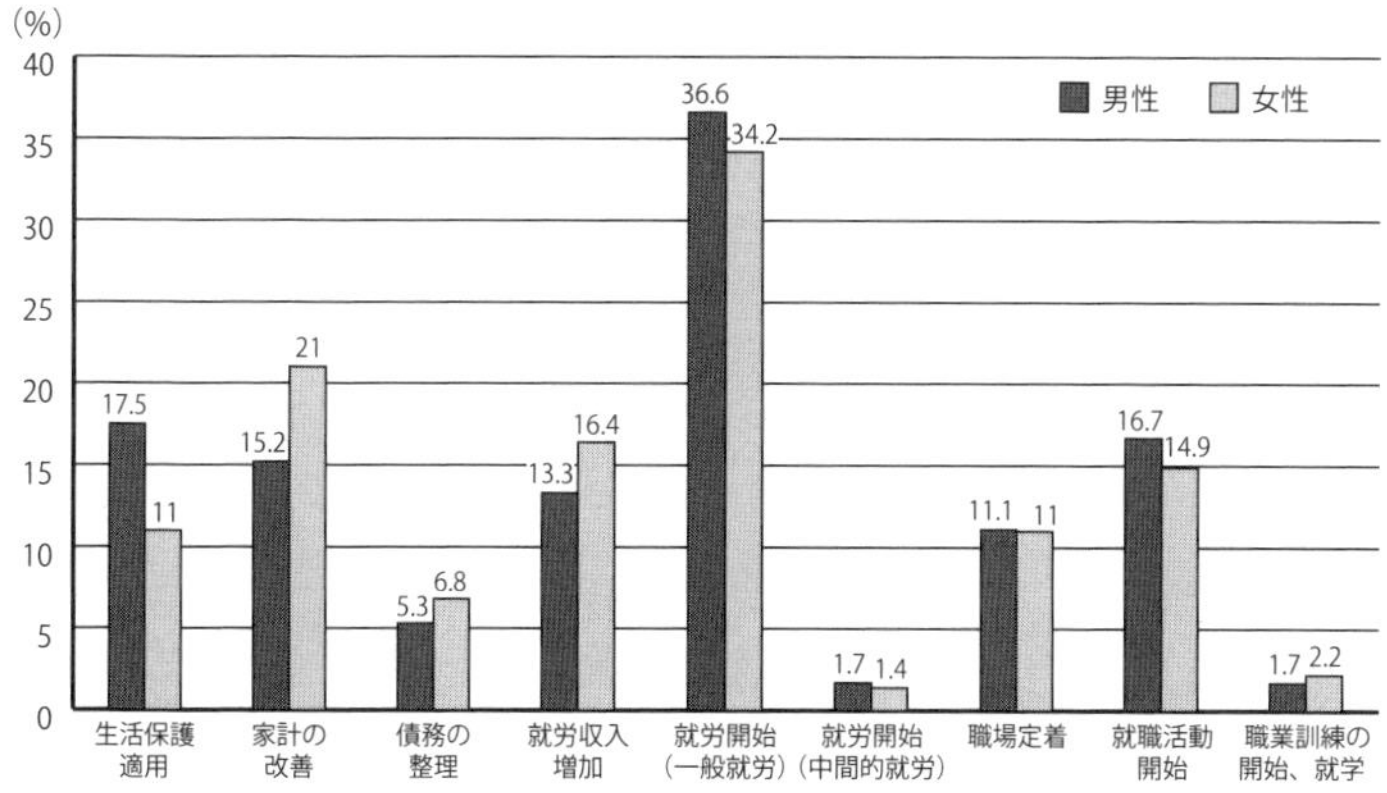

出所：みずほ情報総研（2017）「生活困窮者自立支援制度の自立相談支援機関における支援実績の分析による支援手法向上に向けた調査研究事業　報告書」より作成

える。また、生活困窮者自立支援制度の相談受付や支援の決定は、就労支援だけが対象ではないものの、対象者の状況として、経済的困窮63・6％、就職活動困難39・9％、就職定着困難20・1％など、就労をめぐる問題を抱えている者は多い（みずほ情報総研２０１７）。

図7から、支援の結果、どのような変化が生じたのか見てみよう。ここで「意外な」のは、利用者が就職困難なケースを想定し、就労準備支援事業を整備したのにもかかわらず、支援の成果としては就労開始（一般就労）が多い点である。

生活困窮者自立支援制度には、就労準備支援事業や就労訓練事業といった就労支援だけでなく、離職者で住宅を失った（あるいは住宅を失うおそれがある）人に対する住居確保給付金の支給もあり、これが事業の大きな柱となっている。住居確保給付金の利用者は、もともと就労経験があったため、就労可能性が高い人たちが利用している可能性がある。しかし、いずれにせよ、生活困窮者自立支援制度を通じて、一般就労の開始という成果をあげている。

5. 就労困難者への支援の充実に向けて

就労支援には、これまでホームレス、母子世帯、障害者など、特定の理由による就労困難者を対象とした自立支援と、主に雇用保険受給者を対象とした職業訓練という二つの流れがあった。２００８年のリーマンショック以降、稼働年齢層と見なされる「その他の世帯」の生活保護受給が増加し始めたことを一つの契機に、新たな就労支援の必要性が認識され始めた。そこで生まれたのが求職者支援制度と生活困窮者自立支援制度であるといえる。

求職者支援制度の前身である緊急人材育成支援事業は、就労困難となる特定の理由を問わずに就労支援を行い、所得制限はあるものの現金給付（訓練・生活支援給付）をセットにしたものであった。主な内容は、座学を中心とした職業訓練であり、特に就労困難者を対象としたものとはなっていない。しかし、受講率・開講数で政策効果の進捗がはかられ、事業者にとっては講座を設置しやすく、支援対象者にとっても多くの講座の選択肢がある上、連続受講が認められ、受講しやすい制度設計となっていた。

ところが、恒久的な制度となる求職者支援制度では、財源が雇用保険となったこともあり、訓練・生活支援給付は職業訓練受講給付金として引き継がれた。そして事業者の認可には就職率が明確に問われることとなり、訓練受講要件として、利用者もハローワークに「意欲と能力が認められる」ことが求められた。

ただし、支援内容としては、就職に必要なコミュニケーション能力等のヒューマンスキルを含めた基礎的能力を身につけるための「社会人スキル」の習得や、意欲喚起することが組み込まれ、就労困難者も対象としていることがうかがえる。

求職者支援制度は、就職率が明確に問われるという意味で、職業訓練という支援の目的が明確化した。一方、支援内容に基礎的能力を身につけるための支援が組み込まれたという意味で、就労困難者を対象とし、かつ、訓練期間中の生活に必要な金銭給付も引き続き行われるという、自立支援的側面を持つ。しかしながら、到達目的として就職率が明確に問われるようになったため、就職する可能性が低い就労困難者が排除される可能性が高くなった。実際に、基金訓練時代には男女比が1：1であったが、求職者支援制度では就職に結び付きやすい介護・福祉職の講座が増加し、受講者の女性比率が7割を超えるまでに上昇することとなった。[13]

2015年から施行された生活困窮者自立支援制度では、就労支援の支援内容として、任意事業ではあるものの「就労準備支援事業」が実施されている。就労準備支援は、日常生活や社会生活における自立支援を含むものである。同様に任意事業ではあるが、「中間的就労」も組み込まれており、一般就労が難しい就労困難者が対象とされている。

また、生活困窮者自立支援制度の住居確保給付金は、住宅を失う、もしくは失うおそれのある場合の家賃相当額の給付のみで、就労支援中の生活費給付は行われない。したがって、家族に頼ることのできない就労困難者はこの制度を使うことが難しく、その場合は生活保護を利用する必要があるが、生活保護を利用しながら生活困窮者自立支援制度の就労支援を受けることは制度上想定されていない。

現状では、求職者支援制度は就職率が問われるため、事業者にとっては簡単には就職に結び付くことが難しい就労困難者を排除しがちになる。一方、就労困難者を対象とした生活困窮者自立支援制度は、就労困難者の生活に必要な現金給付が存在しないため、就労支援を受けるのは家族による扶養など、生活の基盤がある者に限られることになる。それにもかかわらず、生活困窮者自立支援制度の就労準備支援事業には収入・資産要件もあり、一定の収入がある世帯の場合は利用できない可能性もある。

ここまで、就労支援を整理することから見えてきた、就労困難者に対する就労支援の課題を最後に考えたい。

生活困窮者自立支援制度では、就労困難要因の除去がめざされるが、個々の対象者の就労困難の原因には共通性が乏しく、個別性が強い人々への支援には、個々の状況に応じたプランの策定が必要となり、標準化が難しい。特に、就労困難の度合いの高い人に対する支援ほど、長期の支援が必要となり、事業者にも経験と能力がより求められる。さらに、個別対応に重点が置かれる就労支援については、就職率だけでその支援の成果をはかることはできないだろう。

また、求職者支援制度のように職業訓練とセットで現金給付を行う場合、訓練への参加と就労意欲が要件となっているため、就労の困難度が高い人ほどドロップアウトしやすくなる。さらに、就職率が問われる場合、そういった人は事業者も受け入れにくいため、支援が必要である人が利用しにくくなる。その結果、より支援が必要な就労困難者は、家族による扶養か、生活保護の受給といった選択肢しかなくなってしまうだろう。

そのため就労支援の充実にむけて、より困難な対象者に対する支援を行う事業者を評価する仕組みづくりが、いま求められている。

第7章　住宅支援の展開と新たな動き

岩永理恵

1．住宅支援とは――住宅確保と居住支援

住宅困窮者への住宅確保の支援

住まいは、人々の生活の基礎にあり、ライフコースの各段階において、適切な居住環境を得る必要がある。標準的なライフコースとして、結婚し子どもを持つタイミングになれば、子育てに良い環境の地域を選択し、住宅購入を行う。高齢期になっても、その住宅資産は高齢期の年金生活を支える経済的基盤として機能する。

これまで日本では、このような標準的なライフコースで住宅を購入することが想定され、持家社会に合わせた住宅政策が展開されてきた（平山２００９）。具体的には、戦後住宅政策３本柱と呼ばれる政策体系である。住宅金融公庫は長期の低利融資を行い、日本住宅公団は中所得者向けに住宅供給を行った。そして住宅購入が難しい低所得層に対しては、公営住宅を住宅

セーフティネットとして整備した。

しかし、そうした住宅政策では対応しきれない住宅問題が徐々に生じつつある。まず1990年代以降、中間層の所得水準が低下し、若い世代の持家率が低下しつつある。また公営住宅は都市部を中心に満室状態であり、住宅困窮者へのセーフティネットとして限界に達している。

さらに深刻なのは、住宅喪失者・路上生活者の問題である。もともと日本の住宅政策は住宅購入を支援する政策が中心であり、低所得者を対象とした住宅政策としては、先述の公営住宅と生活保護の住宅扶助しかなかった。そのため、何らかの原因により仕事も住宅も失った時、稼働可能性がある現役世代が生活保護を受給し、住宅扶助を得ることは難しかった。

そうしたなか、路上生活者の住まいとして機能したのが、無料低額宿泊所であった。ところが無料低額宿泊所の入居者は本来短期で退去することが想定されていたにもかかわらず、入居期間は長期化し、高齢化していった。

こうした住宅困窮者の問題が「社会問題」として表面化したのは、2000年代からである。そこでまず、ホームレス問題に対応する形で2002年に「ホームレス自立支援法」が制定された。また2000年代半ばから貧困問題が広がるなかで、ネットカフェ難民の実態調査が行われ、さらにリーマンショック後の「雇い止め」による住宅喪失への対応として、求職者を対象とした住宅手当（住宅支援給付）が導入された（後に、生活困窮者自立支援制度に吸収・統合される)。これらの政策は、厚生労働省による住宅困窮者に対する支援である。

一方で、2007年に住宅セーフティネット法が成立し、低所得者、高齢者や障害者などの「住宅確保要配慮者」に対する賃貸住宅の供給や安定的確保が図られるようになる。2017年には同法が改正されて、現在は、住宅確保要配慮者の住宅登録制度を創設し、家賃や家賃債務保証料の低廉化のため、大家や保証会社への補助も実施するようになっている。これらの政策は、国土交通省からの住宅困窮者に対する住宅支援のアプローチである。

高齢者や障害者への居住・生活支援

以上のような住宅困窮者に配慮した住宅確保のための支援とは別に、高齢単身世帯や老老介護の世帯などが増加しつつあることから、地域社会で孤立しないよう見守りや生活支援などを行うことも求められている。介護保険では、2015年から「介護予防・日常生活支援総合事業」を開始し、買い物や掃除の支援、高齢者の生きがい確保のための支援など、多様な担い手による高齢者の支援体制づくりを実施し始めた。

障害者に対する居住支援についても、2006年に成立した障害者自立支援法のなかの地域生活援助事業において、居住サポート事業が開始されるようになった。

今日、認知症や精神疾患などがあって、住宅があっても在宅での生活が困難な人が増えつつある。こうした人々に対しての居住・生活支援も、広くは住宅支援として考えることもできるだろう。

本章では、従来の住宅政策が取りこぼしてきた、新たな住宅困窮者への政策展開を中心に議論する。第2節において、最も過酷な住宅困窮の状態にあるホームレスや従来から住宅困窮者によって利用されることの多い無料低額宿泊所の問題について取り上げる。第3節では厚生労働省からの政策対応として生活困窮者自立支援制度、第4節では国土交通省からの政策対応として住宅セーフティネット法を説明する。むすびに、今後の住宅支援において住宅を確保するだけでなく、居宅で生活していくための居住支援もあわせて必要であることを強調したい。

2. 無料低額宿泊所とその問題

無料低額宿泊所の利用はなぜ増えているのか

まずはホームレスと無料低額宿泊所の問題について取り上げたい。

無料低額宿泊所（以下、無低と略す場合がある）とは、社会福祉法によれば「生計困難者のために、無料又は低額な料金で、簡易住宅を貸し付け、又は宿泊所その他の施設を利用させる事業」である。宿泊所であり、本来であれば一時的な利用を目的とした施設であるが、利用期間が長期化している。無低の運営については、入所者の大半を生活保護受給者が占めており、寮費などと称して保護費のほとんどを徴収するなど、劣悪な生活環境であることが問題化した。

そこで2009年に厚生労働省は、「無料低額宿泊施設等のあり方に関する検討チーム」（以後、「検討チーム」と略す）を発足させ、無料低額宿泊施設および法的位置づけのない施設の実態調査結果を公表した。2010年6月末時点で、無料低額宿泊施設は、施設が488カ所、利用者が1万4964人、このうち生活保護受給者が1万3790人である。前回より施設数、利用者数、利用者に占める生活保護受給者数ともに増加している（山田・村上2012）。

宿泊所が増加した背景には、路上生活者への政策対応の変化がある。「社会福祉施設等調査」によれば、1998年以降、宿泊所が急激に増加している。1998年2月に発生した死者3名、重傷者2名を出した新宿駅西口地下道火災以降、路上生活者への住まいとして、無料低額宿泊施設への期待が高まった。たとえば、大手の宿泊所運営者であるエス・エス・エスは1999年に東京都より無料低額宿泊所の運営について打診を受けたという（小川2010a）。エス・エス・エスの宿泊所運営が経済的に成功したことを受けて、他の事業者も参入し、路上生活者に宿泊所の住所を現在地にして生活保護の申請をさせ、入所者の生活保護費から宿泊費と食費を徴収する運営形態が広まった（稲葉2009）。

また厚生労働省が、路上生活者への生活保護適用基準を明らかにしたのは、2003年7月「ホームレスに対する生活保護の適用について（社援保発第0731001号）」の発出《はっしゅつ》による。この通知があって、「住所がない」ことを口実に追い返す、「稼働能力があること」を口実に申請させないという対応は、近年大都市では少なくなってきた。とはいえ、居宅保護が原則であるにもかかわらず、民間宿泊所などで保護を開始し、その後のアパートへの転居をなかなか認めないという[1]（稲葉２００９）状況がまだまだ見受けられる。すなわち、無低の増加の背景には、ホームレスへの支援対応として生活保護の適用を明確化した時、最も無低が利用しやすい制度として存在していたことがある。

無料低額宿泊所をめぐる評価

無低の運営については大きな問題がある。具体的には、居住環境の劣悪さ、食費やサービス料と称して保護費の大半が徴収される、入所期間の長期化、入所者の自由が保障されていないといった実態がマスコミなどで報道されており、「貧困ビジネス」という名称で、広く知られるようになった。

象徴的には、２００９年3月19日の、群馬県渋川市のＮＰＯ法人彩経会が運営する老人ホーム「たまゆら」における、死者10名、負傷者1名の火災であった。入所者の多くが都内からの生活保護受給者であり、十分な設備のない施設へ入所させられていた実態が露呈した。「たまゆら」の火災事故について、これを取り上げた国会審議では、スプリンクラーの未設置といった設備の不十分さが繰り返し言及された。最近の宿泊所問題を扱ったどの立場の論者も、劣悪な処遇の施設への規制の必要性については意見が一致していると見られる。

しかし、意外なことには、宿泊所の問題を指摘する論者の間で、現状での宿泊所の必要性は否定されていない。もちろん宿泊所の必要をどの程度認めるかには濃淡がある。たとえば、宿泊所運営者は、宿泊所の意義を強調し財政支援の必要性を訴えているのに対して、社会福祉士は、宿泊所はシェルター機能としては重要だがケア機能まで委ねるべきでなく、代替サービスの構築を提案している。現状での宿泊所の必要性を否定しないのは、支援体制の構築には、生活保護はもとより、介護保険、障害者支援の仕組みなど、他制度のあり方や、在宅福祉、地域福祉の推進という大きな課題に取り組まなければならないからだとされている。

無料低額宿泊所の問題から明らかになったのは、「貧困ビジネス」と呼ばれるような違法・脱法行為を伴う劣悪な住居や施設と、そこに入るしか選択肢のない人びとの実態であった。違法・脱法行為は、強く批判されるべきだが、「不定住的貧困」に対応する側面があって、単純に宿泊所を廃止すればよいとは言い切れない（山田２０１６、岩永２０１８）。このことが徐々に理解されて、生活困窮者が抱える住宅問題への対策が必要と考えられるようになってきた。

3. 生活困窮者自立支援法における住宅支援

生活困窮者自立支援法成立以前

前節で触れたように、生活困窮者が抱える住宅問題とは、象徴的にはホームレス（路上生活者）問題であった。ホームレスから脱する公的施策の中心は、生活保護法とホームレス自立支援法（2002年成立）であった。ただし、ホームレス自立支援法による施策を有しているのは大都市のみで、地方の各都市では、生活保護費を利用した無低、あるいは宿直の職員を置くなどのケア付き支援住宅（社会福祉法に基づく届出なし）のみが存在した（水内2015）。

その流れが変わったのは、2008年のリーマンショックである。ホームレス対策の予算は、2008年度までは全国30億円規模であったのが、次年度以降は100億円規模に増加した。その財源は、緊急雇用創出事業臨時特例交付金（住まい対策拡充等支援事業）のうちの、「社会的包摂・『絆』再生事業」で賄われた（水内2015）。その結果、緊急一時宿泊事業として、大都市以外でもシェルター事業が始まったのである。このシェルター事業は、2015年度からは生活困窮者自立支援法の枠内に移されるが、その前の状況を、水内（2015）は次のように整理している。

「ホームレス自立支援法による自立支援センターやシェルター事業によって、就労して自活していけそうな人、生活保護に支障なく移行し、後に就労できそうな人は、福祉事務所的には比較的処遇しやすいため、支援の流れが明確になった。しかし、シェルター退所後のアフターケアが相当必要な場合は、『中間ハウジング』が必要であるが、それが量的、質的に少ない。事実上、この穴を埋めているのが、無低やケア付支援住宅である」。

東京都では、２００４〜２００９年にかけて「ホームレス（公園等生活者）地域生活移行支援事業」を実施した。同事業はまず、民間賃貸住宅や都営住宅を利用した居住の場の確保を優先し、次に「自立」に向けて必要な支援を行う、「ハウジング・ファーストによる複合型支援」であった（ハウジング・ファースト研究会２０１３）。

また、２０１０年度より、生活保護受給者について、無低から一般住宅への移行を促す目的で、「居宅生活移行支援事業」が始まった。同事業の内容は、山田（２０１６）によれば、「無低への委託ないし、（引用者注：保護の実施機関等の）実施主体による直接雇用によって専門職員を配置し、入所者ごとの支援計画作成、支援計画の達成状況の検証等を通じて、入所者への生活指導、就労支援および居宅移行支援等を行うもの」である。

このように住宅に関する支援といっても、①住宅そのものを確保すること、②居住を継続すること、③一般住宅もしくは施設等へ転居すること、の3つ（もしくはその組み合わせ）がそれぞれの抱える問題に応じて必要である。その後、２０１３年12月成立、２０１５年4月施行の生活困窮者自立支援法によって支援の全国的な枠組みは決められたが、各地の状況に応じた支援活動が模索されている。

生活困窮者自立支援法における住宅支援

生活困窮者自立支援法による住宅に関する支援は、必須事業として家賃相当を有期で支給する「住居確保給付金」と、任意事業として先に述べたシェルター事業を引き継ぐ「一時生活支援事業」がある。「住居確保給付金」は「自立相談支援事業」とともに必須事業であり、住宅支援は重要視されているとも解釈できる。

岩間(2016)は、生活困窮者自立支援法の中核事業である自立相談支援事業による総合相談のなかに、居住支援も一体となって展開されると述べ、「居住福祉とは、この総合相談の展開と重なり合いを持ちながら推進されることになる」という。

高齢者住宅財団(2017a)は、2016年12月から2017年1月に居住支援の実態把握調査を行い、その後、ヒアリング調査を実施している。「住まいに関する相談の頻度」は、全体では高くないが、「指定都市においては『相談のほとんどを占める』と回答した自立相談支援事業所が17・2%」であった。

住まいに関する相談については、①「生活困窮者自立支援法に基づく支援を利用したケース」、②「生活困窮者自立支援法以外の支援を利用したケース」、③「住宅確保の課題解決に向けて、他機関につないだケース」に分けている。①は住居確保給付金又は一時生活支援事業を利用したケースで、「該当ケースがあった自立相談支援事業所の割合は63・2%(354事業所)」である。

②の「支援の際に活用した機関・団体等」は、「行政の福祉部局」（51・9％）、次いで「不動産事業者」（45・9％）の割合が高いとされ、③も同様に「行政の福祉部局」が68・2％と高い。そこで利用した制度の頻度は明らかではないが、③において困難や課題と感じたことの記述には「生活保護以外に選択肢が残っていない相談者が多い」などの記述があり、生活保護へのつなぎが少なくないと推察される。

住宅支援は、自立支援法のなかで一定の位置づけはなされたが、次に見る法改正の議論から明らかなように、現状では十分とはいえない。生活困窮者自立支援法施行以前の支援活動との整合性、より本質的な問題として見れば、法の縦割りに左右されず、住宅確保に困難を抱える人へ継続して安定した支援を行うにはどうしたらよいか、試行錯誤の段階である。

生活保護法と生活困窮者自立支援法の改正

２０１７年5月から社会保障審議会「生活困窮者自立支援及び生活保護部会」において、法改正に向けた検討が行われた。同部会は、２０１７年12月に報告書を提出し、住宅支援については（1）住まいをめぐる課題、（2）いわゆる「貧困ビジネス」の存在、の二つに分け、論点提示された。

（1）住まいをめぐる課題では、一時生活支援のあり方について、「実施自治体が増加するよう、引き続き広域実施の推進などを進めていく」とし、また「ホームレス自立支援センターの運営を引き続き推進していくとともに、借上型シェルターについても、退所後に向けた居住・見守り支援を組み合わせることなどにより、効果的な活用を図るべき」とされた。

居住支援のあり方としては、次節に述べる住宅政策、特に住宅セーフティネット制度と「実効的に連携」するとともに、「ハード面での対応のみならず、ソフト面での対応」が重要であると指摘する。その際、「相互の支え合い（互助）を促す取組」を紹介する一方で、「社会的に孤立している生活困窮者に対し、必要な見守りや生活支援、緊急連絡先の確保などを行い、支援を必要とする人同士や地域住民とのつながりをつくり、相互に支え合うことにも寄与する取組を新たに制度的に位置づけるべきである」として、新たな制度展開を示唆している。

（2）いわゆる「貧困ビジネス」の存在では、「悪質な事業に対する規制と良質な事業に対する支援の両方の視点から検討することが重要」とする。具体的には「単身で生活することが困難と認められる生活保護受給者については、支援サービスの質が担保された無料低額宿泊所等において、必要な日常生活上の支援を受けて生活できるような仕組みを検討すべきである」としていた。

こうした検討のもと、2018年6月に生活保護法と生活困窮者自立支援法が改正され、貧困ビジネス対策としての無料低額宿泊所の規制強化と日常生活支援住居施設の創設が行われた。

無料低額宿泊所の規制強化としては、無料低額宿泊事業について事前届出制を導入し、設備・運営に関する法定の最低基準を設け、改善命令も出せるようになった。

日常生活支援住居施設とは、単独の居住が困難な生活保護受給者に対して、日常生活支援を行う事業の委託を受けた無料低額宿泊所のことである。もちろん十分なスペースがある民間賃貸住宅で、居住・生活サービスを受けながら、在宅生活を行うことが望ましい。しかしながら現状は、それを実施するだけの十分な住宅やサービスがない。

2018年の改正は、将来、低所得の高齢単身者が増えることを見越して、施設の最低基準の引き上げやサービスの充実により、無料低額宿泊所を活用して住宅確保と居住支援を行う政策と考えられる。

居住支援の必要性

さらに「生活困窮者自立支援及び生活保護部会」の報告書は、制度見直しに当たって、「高齢の生活困窮者に着目した支援」の重要性を強調し、「高齢者に対する居住支援」については別立てで言及している。このように高齢者が抱える住宅問題への注目度は高い。

高齢者の居住支援については、各種の調査研究がある。たとえば、高齢者住宅財団は、2011年度から2013年度まで低所得高齢者の住宅確保に関する研究事業を行った。中心を担った白川（2014）は、地域包括ケア実現に不可欠な居住の施策を法的、歴史的に考察した上で、住まいの確保と住まい方の支援の両面を実現する「地域善隣事業」を提唱している。同事業は、2014年度から厚生労働省「低所得高齢者等住まい・生活支援モデル事業」として制度化された。

この取り組みをまとめた高齢者住宅財団（2017b）によれば、「地域善隣事業」は、「低所得で身寄りのない、地域から孤立しがちな高齢者等」を対象とし、「地域の社会福祉法人や社会福祉協議会、NPO法人等が高齢者の見守りや生活支援を行うことで、家主の安心を保障し、住まいの確保を行う」とするもので、「対象者を一方的に支援される側にするのではなく、入居者同士や地域の方とつながりをつくって互助の関係を築いていくこと」がポイントであるという。

次に障害者については、2006年の障害者自立支援法の地域生活援助事業に居住サポート事業が位置づけられ、支援が本格的にスタートした（古山2014）[2]。従来、障害者に対する住宅施策の中心は、公営住宅の利用が中心であったが、近年は障害者の入居に配慮した賃貸住宅が整備されつつある。障害者の居住支援に関わる組織、団体は多く、協議会形式の組織も障害者総合支援法による「自立支援協議会」と、後述する住宅セーフティネット法による「居住支援協議会」の2系統が関わる。

具体的な支援の実践について見てみると、①入居支援、②居住継続支援、③退去支援の3段階に分けることができる。ただし、障害特性に応じた支援が必要である。たとえば入居支援に当たっては、障害の特徴を把握して、契約などは本人が理解できる方法で説明すること、引越に当たっては、整理整頓方法を一緒に習得することなども求められる。精神障害の場合は「住環境の整備、基礎的な生活ニーズの充足、自己実現に向けた社会関係とライフスタイルの形成」が必要と論じられている（鈴木２０１３）。

4．住宅セーフティネット法と居住支援

住宅セーフティネット法の改正

次に、国交省の施策として２００７年に成立した、「住宅確保要配慮者に対する賃貸住宅の供給の促進に関する法律」（平成19年法律第１１２号。略称、住宅セーフティネット法）を見ていく。

住宅セーフティネット法の主眼は、主に公営住宅による公的賃貸住宅の供給と、民営借家の活用によって、「住宅確保要配慮者」であると法律に定義された低所得者、被災者、高齢者、障害者、子どもを養育する者などの居住安定を図ることにある。公営住宅の供給戸数は需要に比べて少ないため、公営住宅に入居できる／できないの不公平が発生する。住まいを市場経済に委ねる政策では、もともと残余的であった公営住宅の守備範囲はいっそう狭く、セーフティネットの役割は限定される（平山２００９）。

こうした公営住宅供給の過少性には民営借家で対応しよう、というのが住宅セーフティネッ

ト法による施策である。同法では、住宅確保要配慮者の賃貸住宅への円滑な入居を促進し、関係機関の連携を図るべく、居住支援協議会の設置を規定している。しかし、平山（2009）が指摘するように、これだけでは公営住宅に入居できる／できないの不公平は解決しない。民営借家の入居者に対する家賃補助が必要である。

2017年4月に成立した改正住宅セーフティネット法では、賃貸住宅供給をさらに促《うなが》すため、空き家の一部を活用する住宅登録制度を設けた。ところが、同改正法の議論の過程で、家賃や家賃債務保証料を低廉化する施策（家賃の補助限度額4万円）は法定化されなかった。予算措置にとどまり、それも小規模であり、いつでもやめられるとの批判もある(3)。普遍的な家賃補助の仕組みが成立したとは言い難い(4)。

以上に見てきた住宅困窮者に対する住宅政策の現在は、住宅確保に向けた経済的支援（厚生労働省系は住居確保給付金、国土交通省系は大家への家賃補助等）を整備した段階といえる。住宅政策の目標が適切な住環境の確保と考えると、十分な設備を有した住宅の提供や居住継続を支える支援が必要となる。

5．新しい住宅支援に向けて

住宅確保と居住支援のミックス

2000年代以降、現実に様々な理由で住宅や居住場所を確保できない者の存在が顕在化し、住宅支援が行われた。無料低額宿泊所は、「不定住的貧困」に対応してきた一方で、「貧困ビジネス」と呼ばれるような劣悪な居住環境が問題であった。これを批判するだけでは済まず、宿泊所の必要性が否定できないところに本質的な問題があり、第4章に述べた埼玉県の住宅支援事業は、そのことを理解して進められた。

生活困窮者自立支援法成立前、同法成立時、改正法が検討される時期に区分して、住宅支援の展開を見ていくと、①住宅そのものを確保すること、②居住を継続すること、③一般住宅もしくは施設等へ転居すること、の3つの要素があることが確認できた。生活困窮者に対する施策は、生活困窮者自立支援法の枠内に収斂しつつあるが、支援の実際はまだ混沌としている。

住宅のセーフティネットも設けられつつあるが、限定的な公営住宅供給と、賃貸住宅の供給促進という策が中心であり、家賃補助は予算措置で始まったばかりである。「住宅確保要配慮者」のうち、生活困窮者（低所得者）に先行して、もしくは重なり合いながら展開している高齢者、障害者への支援も少ないながら進められてはいる。

住宅困窮者においては、まず住宅の確保が必要であるが、居住環境としてそれを維持するためには生活困窮者が抱える問題（認知症や精神疾患など）を踏まえた包括的な居住支援が必要となる。居住支援のない住宅確保だけの住宅支援では、有効とはいえないおそれがあることを強調したい。

※本章の執筆は2018年の法改正以前である。法改正による「貧困ビジネス対策と単独での居住が困難な者への生活支援」については、今後も注視したい。

第8章　子どもの貧困対策、学習支援の展開

田中聡一郎

1．子どもの貧困

子どもの貧困

子どもの貧困が、社会問題として注目を集めるようになっている。２０１３年6月に、子どもの貧困対策法（正式名称：子どもの貧困対策の推進に関する法律）が制定された。残念ながら、「貧困」という言葉が入った法律が必要となるほど、今日の日本社会において子どもの貧困は深刻になっている。

子どもの貧困が広がっている背景には、親の経済状況が悪化していることがある。厚生労働省が相対的貧困率の公表を行うようになったのは２００９年のことであるが、前年の２００８年にリーマンショックが生じ、日本の労働市場は急激に悪化した。雇用や賃金の水準低下は、子育て世帯の家計運営を厳しいものとし、子どもたちの将来にまで影響を与えてしまう。

図1　相対的貧困率の推移（総人口と子ども）

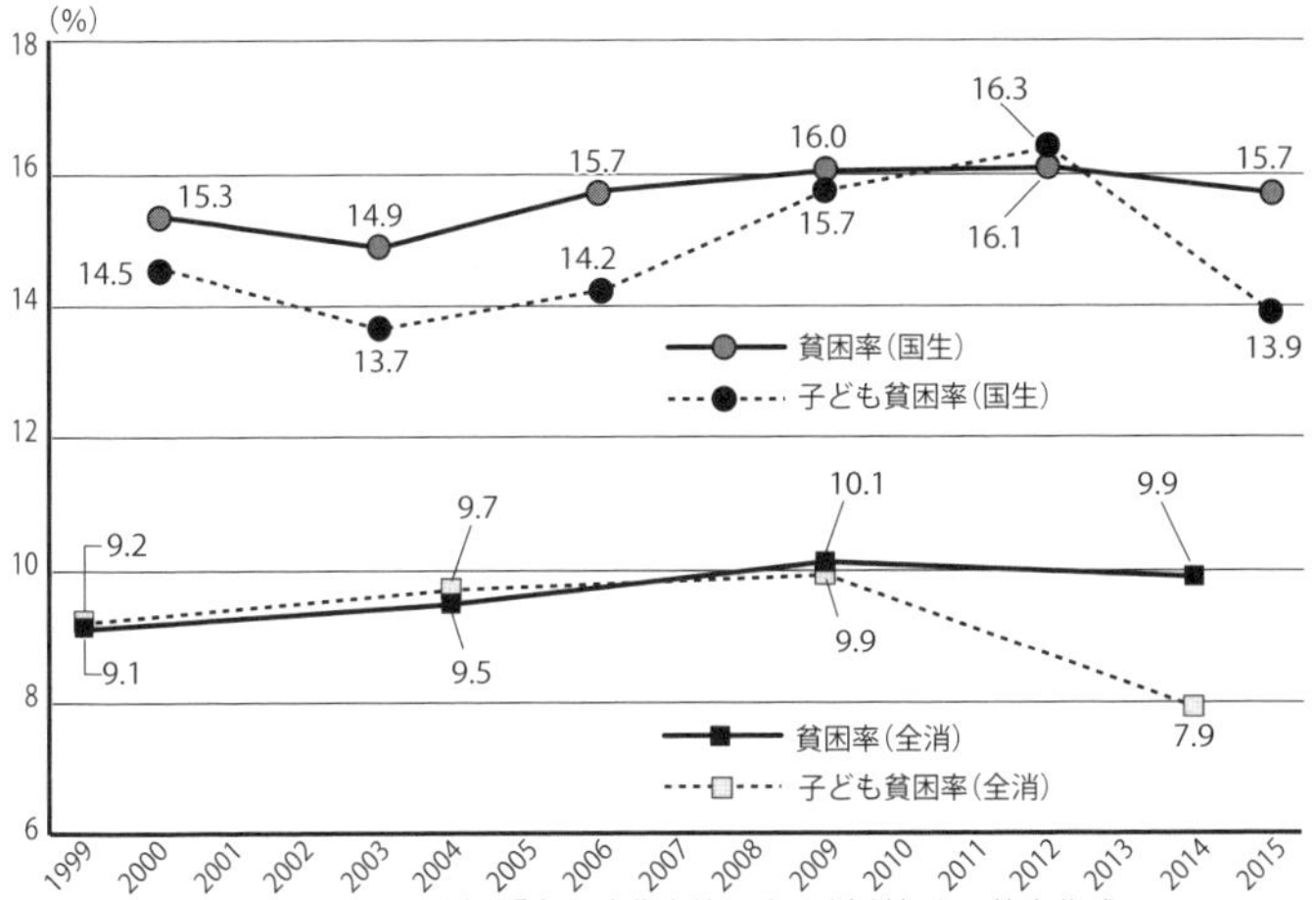

出所：「国民生活基礎調査」（国生）「全国消費実態調査」（全消）より筆者作成

本章では、子どもの貧困の現状と対策について紹介する。特にその有力な対応策として、生活困窮者自立支援法のなかにも位置づけられるようになった学習支援の意義と課題について考察する。

まず子どもの貧困の現状を確認したい。

子どもの貧困は、通常、相対的貧困率という指標で計測される。相対的貧困率とは、等価可処分所得の中央値の50％（EUなどでは中央値の60％の指標も用いられることもある）を貧困線として、その貧困線に満たない世帯員の割合のことをいう。等価可処分所得とは、複数の世帯員で暮らす際、共通経費があるので必要な所得も少なくて済むという規模の経済を考慮し、「世帯人員数の平方根」で世帯の可処分所得を割ったものである。

図1は、総人口と子どもの貧困率の推移（1

999－2015年）を見たものである。今日、政府が発表する貧困率は、「全国消費実態調査（全消）」によるものと「国民生活基礎調査（国生）」によるものの二つがある。図1が示すように、両調査の貧困率の水準には乖離があり、サンプリングの違いなどから「全国消費実態調査」の方が低く推計されている。なおデータ元である「全国消費実態調査」は5年おきの調査であり、したがって貧困率も5年ごとになる。一方で、「国民生活基礎調査」は毎年調査がなされるが、大規模調査は3年おきであり、それに合わせて貧困率も3年ごとになる。

貧困率の推移を検証すると、「全国消費実態調査」「国民生活基礎調査」ともに、同じ動きをしている。[1] 2000年近傍から2009年にかけては、リーマンショック後の不況を挟むこともあり、貧困率は上昇傾向にある。一方、2010年近傍から2015年近傍にかけては、アベノミクスのもとで景気が上向きになったことや「子ども手当」導入後の児童手当の給付改善などもあり、子どもの貧困率は低下している。「全国消費実態調査」の場合、子どもの貧困率は1999年9・2％から2009年9・9％へ上昇し、そして2014年7・9％に低下する。「国民生活基礎調査」の場合は、2000年14・5％から2009年15・7％へ上昇し、そして2015年13・9％と低下している。

生活保護受給世帯の子どもたち

次に、もうひとつの貧困基準である生活保護の保護率（＝年齢別の人口に占める受給者数の

図2　生活保護世帯の子ども数・保護率の推移

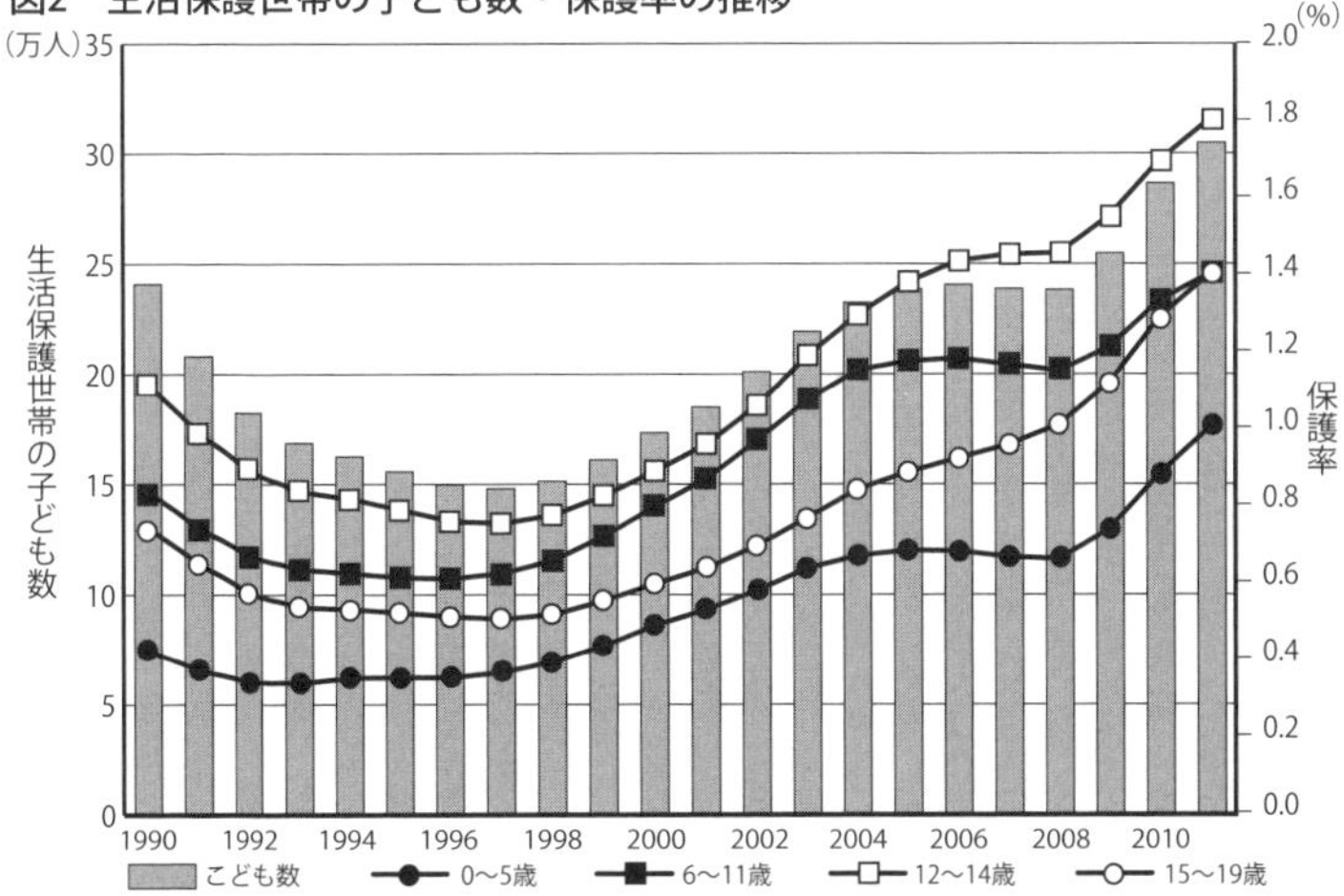

出所：国立社会保障・人口問題研究所「『生活保護』に関する公的統計データ一覧」より筆者作成

割合）の推移を見てみたい。生活保護は、貯金・資産や働く能力を活用しても、また他の社会保障給付を用いても生活を維持することができないような場合に利用できる。それゆえに、生活保護は最後のセーフティネットと呼ばれる。相対的貧困率は、所得だけで貧困を判定しているが、生活保護を利用するためには世帯所得だけでなく、資産要件や稼働能力もあわせて判定されるため、相対的貧困よりも厳しい基準ともいえる。

図2は、1990年代以降の生活保護受給世帯の子ども数（0－19歳）と保護率の推移を示している。生活保護世帯の子ども数は、1997年が底で14・8万人であったが、2011年には30・5万人と2倍以上増加している。保護率も同じく1990年代半ばから上昇傾向にある。2011年の保護率は0～5歳は1・

0％、6～11歳は1・4％、12～14歳は1・8％、15～19歳は1・4％という値になっている。すなわち、子ども100人に対して、1人か2人程度、生活保護を受給していることになる。

学力問題とその背景

以上のように、生活保護受給世帯で暮らす子どもたちは、1990年代と比べて、増えつつあることがわかる。生活保護制度は健康で文化的な最低限度の生活を保障するものであり、預貯金の保有も制限されていることなどから、一般の子育て世帯と比較して家計管理を厳しくしなくてはならず、学校外の子どもの教育費などについても制約が課せられる。そのために十分な教育を受けられないのであれば、生活保護世帯で育った子どもたちが、成人後も再び生活保護受給世帯となってしまう「貧困の世代間連鎖」を引き起こす可能性がある。この問題は、道中（2009）や駒村・道中・丸山（2011）などの先行研究でも指摘されており、被保護母子世帯で再び生活保護を受ける貧困の連鎖が生じている割合は、約3～4割もある。

この貧困の世代間連鎖を止める際に「鍵」となるのは教育水準である。では次に、生活保護世帯の大学・高校等の進学率の状況を確認してみよう。

図3、図4は生活保護受給世帯のみならず、生活困窮になりやすいひとり親世帯、児童養護施設の子どもの大学等および高等学校等進学率を示している。直近2017年の大学等進学率

図3　子どもの大学等進学率の推移（※専修学校等を含む）

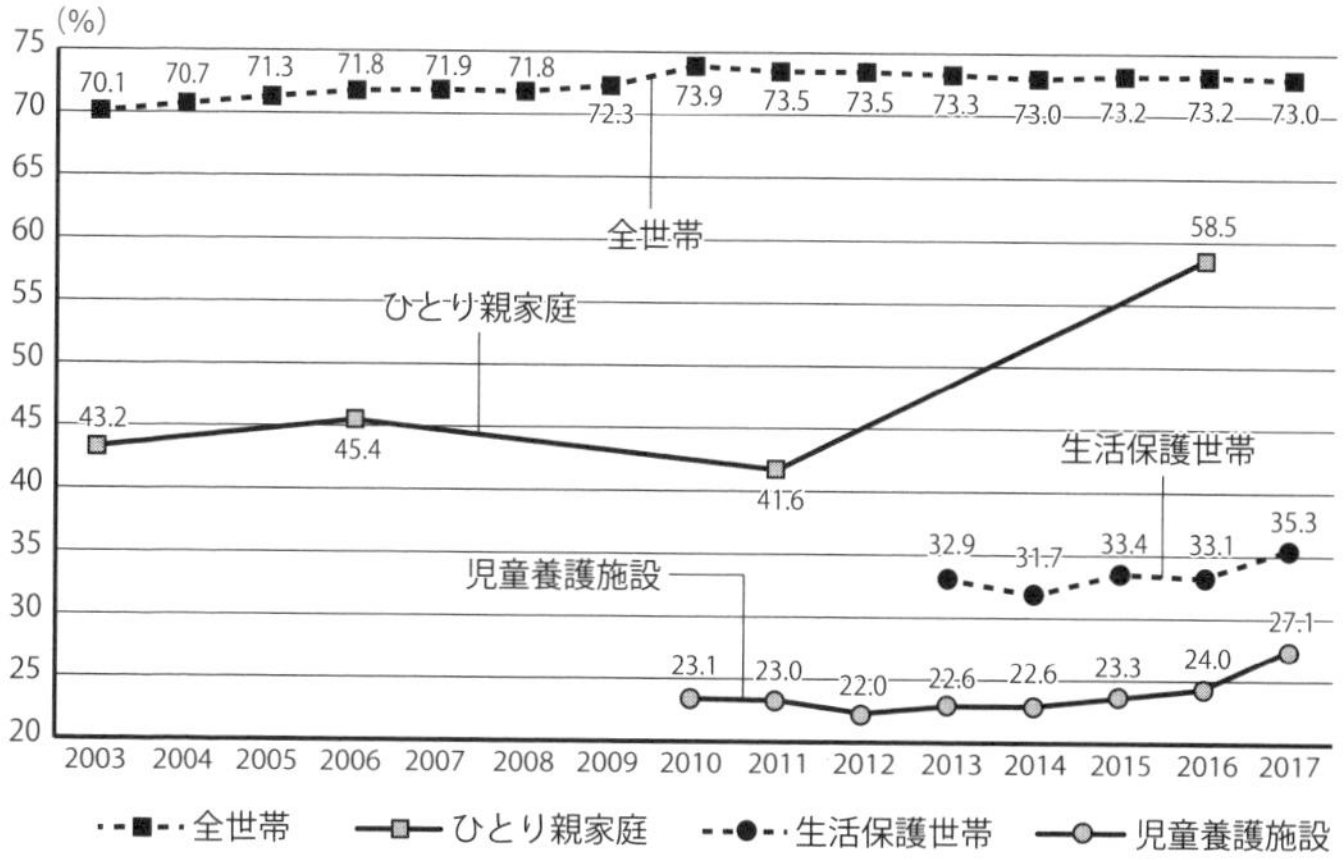

出所：内閣府（2018）「第6回 子供の貧困対策に関する有識者会議　資料１子供の貧困に関する指標の推移」

図4　子どもの高等学校等進学率の推移

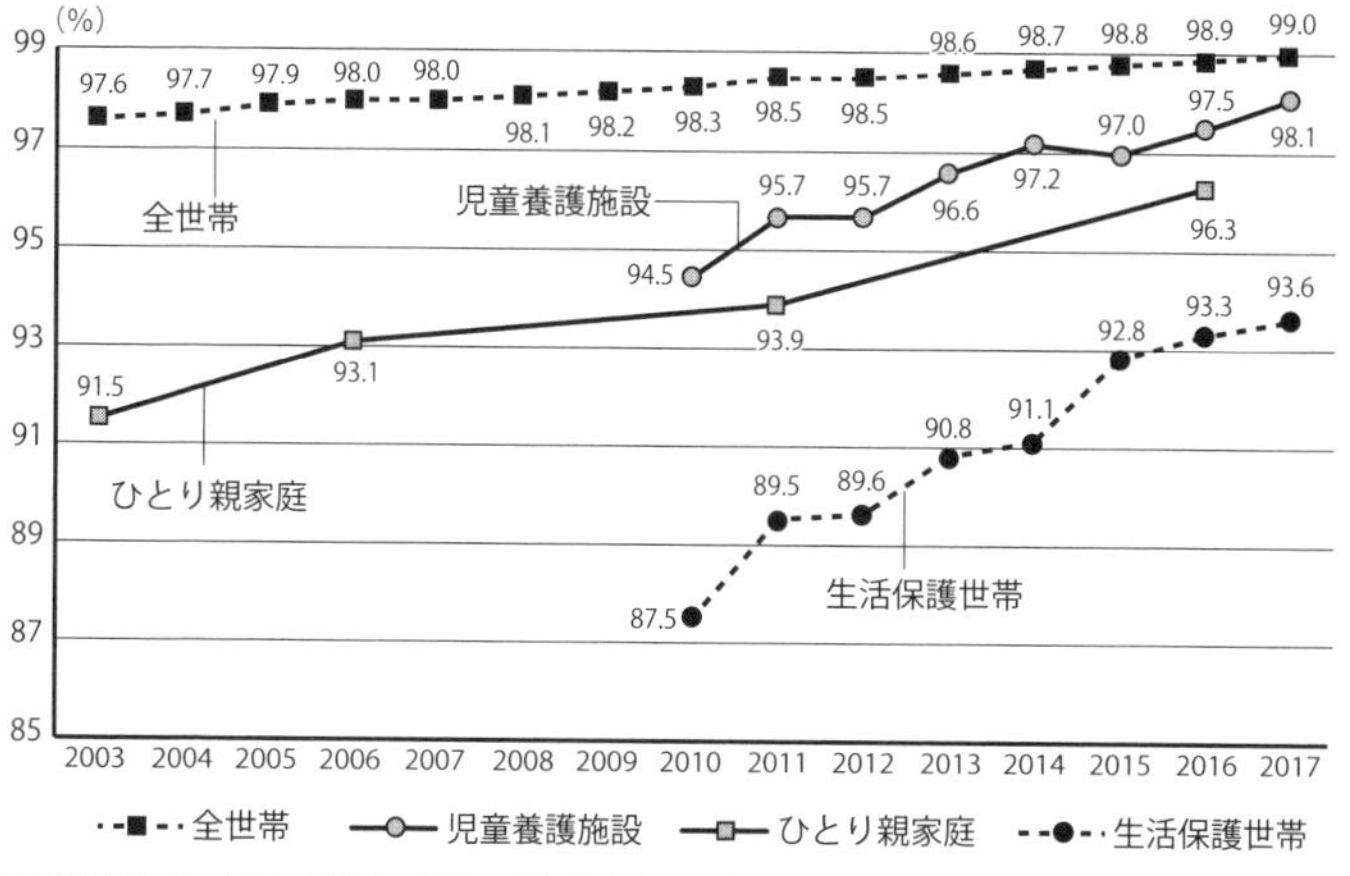

出所：内閣府（2018）「第6回 子供の貧困対策に関する有識者会議　資料１子供の貧困に関する指標の推移」

を見てみれば、全世帯平均の大学等進学率は73・0％であるのに対し、生活保護受給世帯は35・3％、児童養護施設では27・1％と大きな差がある。ひとり親世帯（2016年）は58・5％とやはり全世帯平均より低い。

また高校等の進学率についても、全世帯平均（2017年）は99・0％とほとんどの子どもたちが高校等に進学しているが、生活保護受給世帯の場合は近年上昇してきたものの、93・6％とやや低位である。加えて、高校中退の問題もある。全世帯の高校中退率（2017年）は1・4％であるのに対し、生活保護受給世帯の場合は4・1％と高い水準であることも報告されている。今日の労働市場では、中卒や高校中退の場合、就職は難しく、また就職できたとしても不安定な就業となることが多いと考えられるため、将来の貧困リスクとして懸念される。

全世帯平均と比較して、生活保護受給世帯で学歴達成が低位になってしまう背景については次のようなものが考えられる。

第1には、（生活保護受給世帯だけでなく、一般的な傾向として）世帯の所得水準が学力や学業の継続に影響を与えることが報告されている。文部科学省（2010）によれば、年収が高くなればなるほど、「全国学力・学習状況調査」の平均正答率がおおむね上昇しており、世帯の経済力が学力に対して影響を与えていることがうかがえる。

また今日、大学の授業料もかなり高額になっている。2016年度の授業料の標準額・平均額は国立大学53万5800円、私立大学87万7735円、入学料の標準額・平均額は国立大学28万2000円、私立大学25万3461円であり、かなりの負担である。また文部科学省『学生の中途退学や休学等の状況について』(2014)によれば、2012年度の大学、短期大学、高等専門学校での中退率は2・65%で、前回調査の2007年よりも0・24ポイント増えている。また中途退学者のうち経済的理由による者は20・4%にもなり、前回調査よりも6・4ポイントも増加している。経済的事情による進学の断念や中退の防止のために、給付型奨学金などの充実により、教育の機会保障を図る必要がある。

第2に、被保護母子世帯の母親の学歴が低位であるという点も重要である。生活保護受給世帯の子どもたちは多くが母子世帯であるが、厚生労働省(2016)の報告によれば、母子世帯で母親が中学校卒の場合は34%が生活保護を受給しており、非常に高い値となっている。子どもにどの教育段階まで進んでほしいかといった希望は、本人の学歴も関係していると考えられ、子どもの教育にも影響を与える可能性がある。

第3に、「ヤングケアラー」問題である。ヤングケアラーとは、祖父母の介護、療養中の親の看病、妹弟の世話などのケア労働に従事せざるをえない子ども・若者たちのことをいう。子どもがいる世帯が生活保護を受給することになる場合、多くの親は現役世代であり、したがってその親が働くことができない、働いたとしても十分な所得を得られない状態にあると考えられる。たとえば、親が精神疾患などによって働くことができないため、生活保護受給世帯とな

図5　子どもがいる生活保護世帯の世帯主の障害・傷病の状況

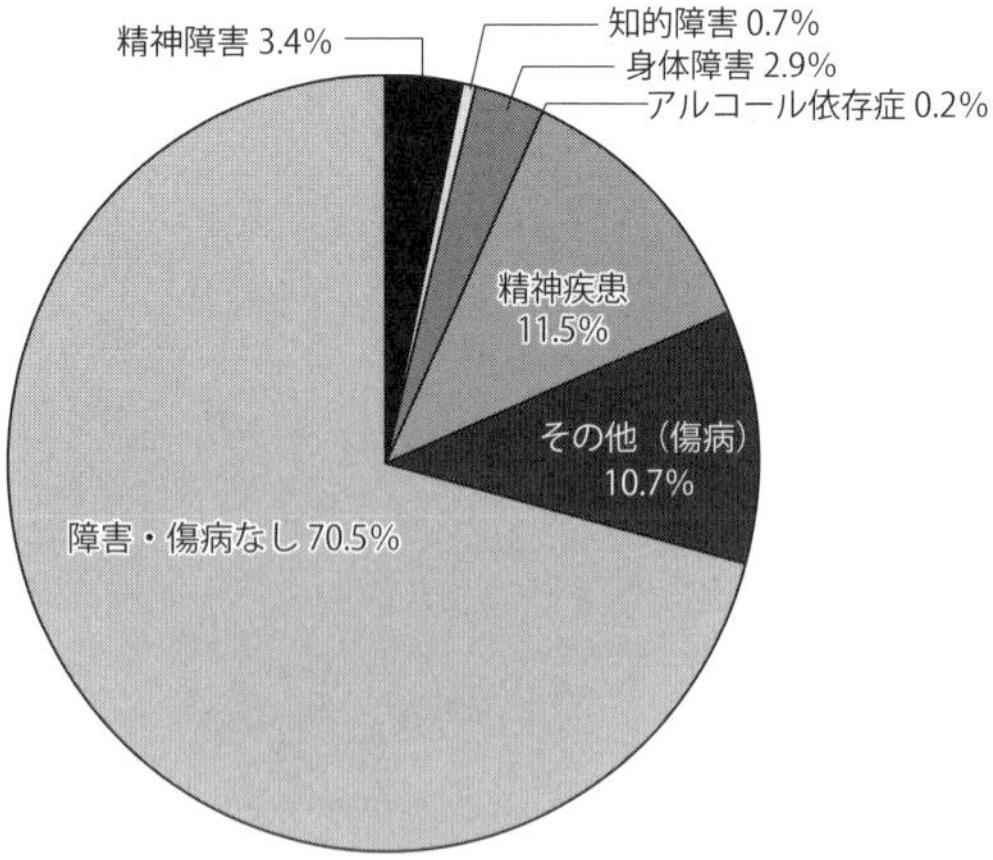

出所：厚生労働省（2016）「第25回社会保障審議会生活保護基準部会資料１」のデータより筆者作成

ることが考えられる。実際にこうしたケースは多く、図5が示しているように、生活保護を受給している有子世帯で、世帯主が障害・傷病等の心身の課題を有しているのは約3割おり、また特に精神疾患は11・5%にも上る。生活保護受給世帯は、貧困世帯であるばかりでなく、疾病や家族問題など、様々な生活困窮となる要素を抱えている可能性がある。さらには、母子世帯で、母親が働きに出ているようなケースにおいては、生徒自身が家事や、弟や妹の世話などをしなくてはならない。そのため、必然的に学習に充てられる時間も少なくなる、あるいは部活動などにも参加できなくなってしまう。さらに親が体調不良や精神的にも不安定で働けない場合は、高校進学を含めた今後の進路選択に大きな影響を及ぼしてしまうことが考えられる。「ヤングケアラー」問題に直面している生活保護受給世帯の子どもたちは少なくない。

このように、貧困あるいは経済的に苦しい家庭環境は、子どもたちの教育や生活に様々な形で影響を与える。家庭環境によって、子どもたちの自由な将来選択や成長する機会を奪っている現状は変えなくてはならない。ではこうした問題を解決するためにはどのような支援の方法がありうるだろうか。次に、日本の貧困対策の展開を見てみよう。

2．子どもの貧困対策と学習支援の展開

子どもの貧困対策の推進

子どもの貧困対策の流れについては、内閣府で厚生労働省、文部科学省とともに調整された子どもの貧困対策法による総合的な枠組みと、厚生労働省が主導してきた生活保護受給世帯の子どもたちへの学習支援[2]の取り組みとがある。

２０１３年６月に、子どもの貧困対策法が制定された。同法は、基本理念や対策のあり方（①教育の支援、②生活の支援、③保護者に対する就労の支援、④経済的支援）を示すものであり、子どもの貧困対策の総合的な枠組みを示している。

具体的な政策は、２０１４年８月の「子供の貧困対策に関する大綱」で決まった。しかし、大綱に盛り込まれた政策は、①教育の支援と②生活の支援の分野で多く、③保護者に対する就

表1　子どもの貧困対策の展開

月　日	
2005 年度	生活保護自立支援プログラムの導入
2013 年 6 月	子どもの貧困対策法（2014 年 1 月施行）
2013 年 12 月	生活困窮者自立支援法（2015 年 4 月施行）
2014 年 8 月	子供の貧困対策に関する大綱
2016 年 7 月	子供の貧困対策に関する有識者会議

出所：筆者作成

労の支援、④経済的支援では施策として新規の事業が乏しいものであった。また大綱策定の際、特に議論となったのは、具体的な数値目標の設定であったが、残念ながら貧困率の削減や進学率の向上などの数値目標は導入されなかった[3]。

すなわち、日本の子どもの貧困対策の方向性を決める大綱に、国レベルでの貧困率の削減などの目標設定、また特に子どもの貧困削減に直接の効果をもつ経済的支援の拡充は十分にはなされなかったのである。

その後は、大綱の枠組みを受けて、貧困対策は教育の支援を中心に充実が図られている。

具体的には、①教育の支援の分野では、スクールソーシャルワーカー、スクールカウンセラーの配置拡充、幼児教育・保育の無償化（２０１９年10月から全面実施）、給付型奨学金の創設などが行われている。②生活の支援でも、社会的養護自立支援事業や子育て安心プランなどの保育政策の充実などが実施されている。④経済的支援では、児童扶養手当の第２子、第３子の加算の増額などがなされているが、教育の支援ほどの充実までは至っていな

い。(4)

生活困窮者自立支援法における学習支援

生活困窮者の子どもたちへの学習支援は、2005年度から開始した生活保護自立支援プログラムのなかで、一部の先進自治体で導入された。なかでも、本書で紹介した埼玉県のアスポート事業は学習支援のトップランナーであり、その後に学習支援事業を導入した自治体においても参照されることとなった。そして2013年生活困窮者自立支援法が制定されると、生活保護自立支援プログラムにおける学習支援を同法の枠組みに位置づけ、対象者も生活保護世帯の子どもから生活困窮世帯の子どもへと広げることとなった。

生活困窮者自立支援制度の学習支援事業は広がりを見せ、実施自治体数は、モデル事業として始まった2014年度の184自治体から、2017年度の504自治体まで増加した。生活困窮者自立支援制度実施自治体の56%が任意事業である学習支援に取り組んでいることになる(図6)。

同事業では、学習支援のほかに、居場所の提供、進路相談支援、親に対する養育支援、高校中退防止などを実施している。2015年度の利用者は、生活保護受給世帯は58・7%であるが、生活保護以外の世帯も41・3%ある。参加者の学年も中学3年生が30・5%、中学1、2年生が34・0%、小学校高学年(4~6年生)が21・2%となっているが、高校生も1、2年

図6　子どもの学習支援事業の実施状況（2017年度）

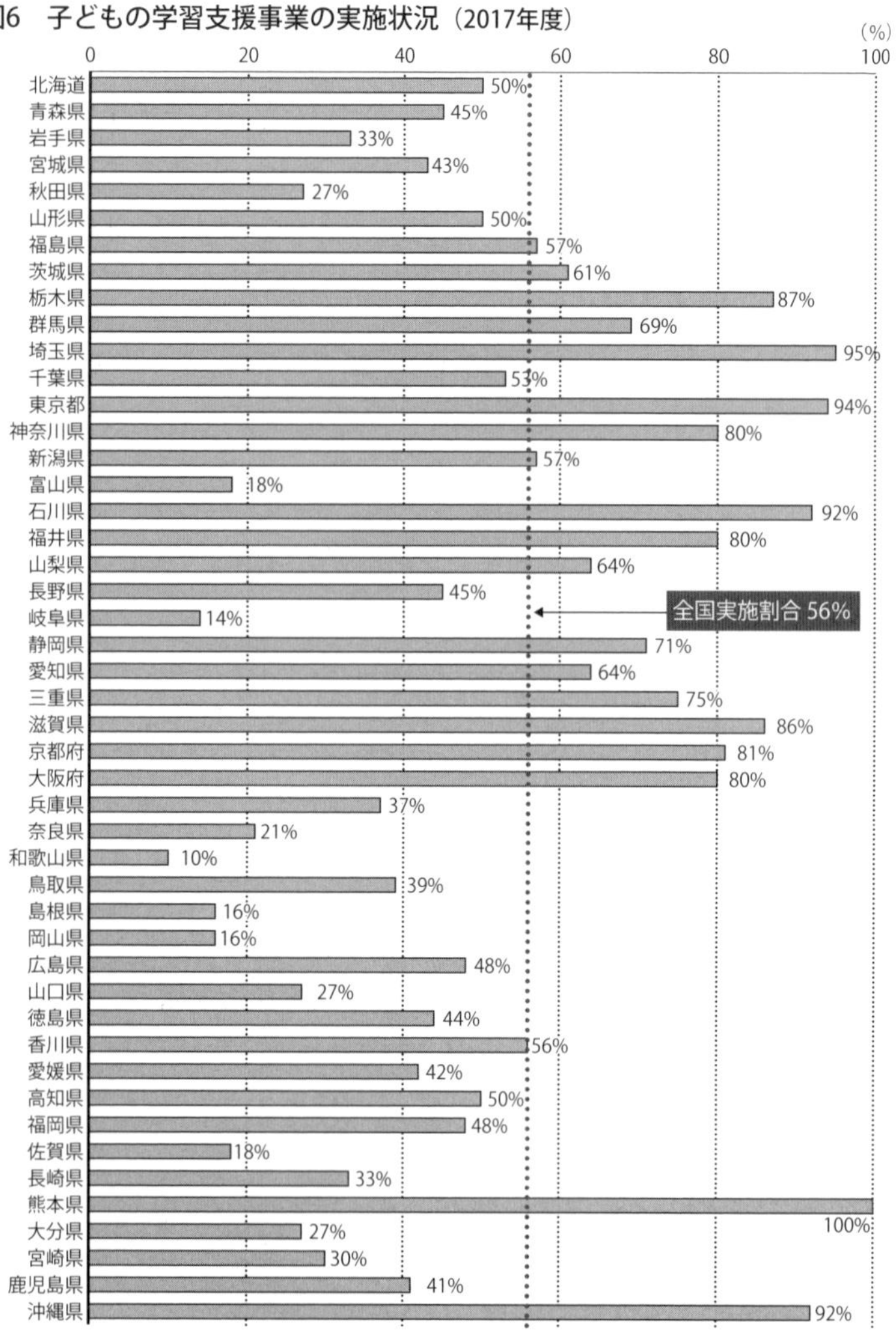

出所：厚生労働省「平成29年度生活困窮者自立支援制度の実施状況調査集計結果」を改変

生が4・5%、3年生が1・2%ほどいる（厚生労働省2017）。

学習支援事業の効果を考える上で、この支援対象者の学年は非常に重要である。高等学校等への進学率向上という点を考えれば、小学生時点の学習内容を習得していない生徒も多いという報告があることから、なるべく早い時期から学習支援に取り組んだ方がよいと考えられる。一方で、学習教室の支援によって、何とか高校へ進学しても、高校中退をしてしまう可能性も高い。そのため、貧困の連鎖を断ち切るために実効性のある支援としては、高校中退の防止策は欠かせない。だが、小学生から高校生までとなると支援対象者が幅広くなり、支援対象者数の増加、ニーズの多様化など支援の現場としては苦労も多くなるであろう。

また生活困窮世帯の子どもたちを学習教室へ参加を促すためには、家庭訪問が欠かせない。先述の埼玉県のアスポート事業では、学習支援と家庭訪問を支援の両輪として取り組んできた。生活保護受給世帯の子どもたちは、母子世帯で母親にかわって家事を担っている場合や病気がちの親の看病をしている場合など、学習支援の教室に参加することを躊躇するケース、また不登校で学校の授業についていくことが難しく学習意欲を失っているケースなどがあり、自ら教室に参加することを決めるのが難しい場合もある。事業者の家庭訪問を通じて、学習支援の意義について、親とともに理解することで、孤立した状態から解かれることも多い。

このように学習支援事業は、貧困世帯の子どもたちのニーズに合った有意義な政策であるが、大変きめ細やかな運営が求められる事業であるといえる。そのため、学習支援事業は、生活困窮者自立支援法のなかでは自治体の任意事業であることもあり、実施割合には地域差が生じている。図6（198ページ参照）は、生活困窮者自立支援法の学習支援事業の全国的な実施状況を示している。熊本県のように全自治体（福祉事務所）で実施している都道府県もあれば、和歌山県のように10％ほどの自治体でしか実施されていない都道府県もある。

教育機会の均等という観点からも全国的な実施が必要であり、自治体への補助金の国庫補助の引き上げなど、財政的支援も重要になる。現在も、高校中退防止や家庭訪問を行っている自治体に対しては、国庫負担の加算を行っている。ただ、人口規模の大きい自治体ほど学習支援事業の実施率が高く、小規模自治体では実施率が低調となっており、よりいっそうの支援が必要となるだろう。

3．子どもの貧困対策の現在――現金給付と学習支援

本章では、貧困世帯の子どもたちが抱えている課題と、その対応策として学習支援の意義について考察してきた。

2000年代以降、子どもの保護率は上昇しており、子どもの貧困問題が深刻化していることがデータ上も示されている。「貧困の連鎖」が生じている可能性も指摘されていることから、生活保護受給世帯の子どもたちが貧困から脱出するために、学力達成を支援する「学習支援」

に対する期待が高まっている。
しかし生活保護受給世帯の教育問題としては、子どもの進学に十分な貯金をすることが難しいのにもかかわらず、入学金や学費負担が上昇していること、子どもたちが療養中の親の看病をしている、家事とともに姉弟の世話をしているなど「ヤングケアラー」としての役割を負っていること、不登校などにより学習意欲の低下も多く見られることなど、学習教室を整備するだけの学習支援では限界がある。そのため、アウトリーチと呼ばれる家庭訪問を通じて、家庭状況も踏まえた支援策が重要となる。

学習支援をしても、貧困世帯の子どもたちの学力問題が改善しない場合、貧困世帯の子どもたちに責任をなすりつける「自己責任論」のような議論が再燃しかねない。学習支援が十分に機能するためにも、経済的支援（現金給付）の充実も必要である。

子どもの貧困問題は、学習支援だけでは解決しにくい。まず貧困世帯と一般世帯の間の学力格差は、中学生の一時期の学習支援だけでは埋めがたいことが考えられる。また、学習に取り組む家庭環境が整っていないのにもかかわらず、学習教室だけ整備しても十分な成果は得られないだろう。こうした点からも、子どもの貧困対策としては包括的な成育環境の整備が重要である。[5]

第4部　生活困窮者支援の現状と将来

生活困窮者自立支援制度の展望——その実施から初めての制度改正へ

田中聡一郎

２０１５年４月、生活困窮者自立支援制度の導入によって、全国の約９００の福祉事務所設置自治体において、自立相談支援事業をはじめとした様々な支援事業が実施されることとなった。社会保険と生活保護の間で生活困窮者の自立支援を行う新しいセーフティネットが全国的に整備されたのである。

制度の目標としては、一つに「生活困窮者の自立と尊厳」があり、本人の状態に応じた自立を支援し、自己肯定感や自尊感情を失っていることに留意した支援をめざしている。もう一つの目標には「生活困窮者支援を通じた地域づくり」があり、生活困窮者支援のネットワークをつくり地域住民が「相互に支え合う」地域を構築することをめざしている。実施初年度の相談は約22・６万件にもなり、困窮者問題が日本社会に広がっていることの表れとも考えられる。

無事スタートした生活困窮者自立支援制度であったが、生活困窮者自立支援法は制定時の附則に三年後の見直しの規定が盛り込まれており、さっそく制度改正の検討が始まった。

具体的には、２０１６年10月に「生活困窮者自立支援のあり方等に関する論点整理のための検討会」が設置され、実施データや現場経験などに基づき、改正に向けた論点整理が行われた。また貧困ビジネスなどの批判も生じていた無料低額宿泊所（以下、無低）の今後のあり方についても、「生活保護受給者の宿泊施設及び生活支援の在り方に関する意見交換会」において検討された。さらに、データヘルスの強化の流れを受けて、２０１６年7月から「生活保護受給者の健康管理支援等に関する検討会」で、生活習慣病の予防や重症化への対応などの論点が議論された。

このようにして、厚生労働省が考える今後の社会保障改革の基本コンセプト「地域共生社会」の実現において、生活困窮者自立支援法の役割に期待が高まっていった。

こうした流れを受けて、２０１７年5月から「社会保障審議会生活困窮者自立支援及び生活保護部会」を設置し、生活保護法と生活困窮者自立支援法の次期改正の方向性が審議された。

２０１８年6月、生活保護法と生活困窮者自立支援法は改正された。この改正により、生活保護制度では、①大学進学する際に支給される進学準備給付金を創設、②後発医薬品の使用原則化、③被保護者健康管理支援事業の創設、④日常生活支援住居施設の創設などがなされた。生活困窮者自立支援制度では、①包括的な支援体制の強化、②学習支援事業の強化や一時生活支援事業の拡充などの改革が行われた。

第4部では、生活困窮者支援の現状と将来展望を検討する。第9章では生活困窮者自立支援制度の初年度の実施状況を考察する。第10章では今回の改正の評価と今後のあり方について、インタビュー形式でまとめる。

第9章　スタートした生活困窮者自立支援制度

田中聡一郎

1．生活困窮者自立支援制度の支援プロセスの評価枠組み

生活困窮者自立支援制度は定着するのか

本章では、初年度（2015年4月から12月）のデータを用いて、生活困窮者の属性や支援状況の把握を行いたい。生活困窮者自立支援制度の導入により、全国の約900の福祉事務所設置自治体において、自立相談支援事業をはじめとした様々な支援事業が実施されることとなった。

しかし本当のところは、生活困窮者自立支援制度がどのような制度になるか、実際に制度を動かしてみない限りわからないような形でスタートを切ったように思われる。「生活困窮者」という広範な対象を、地域の実情に応じた形で、包括的に支援を行うという制度理念は、めざすべき方向としては正しいとしても、多くの自治体ではその目標を達成できるかどうか、憂慮

があったのは事実であろう。たとえば、「生活困窮者」をどのように明確化し把握するのか。また事業運営は直営と委託を選択することができ、さらには任意事業もあるなかで、どこまで事業展開したらよいのか。どうやって地域の社会資源を掘り起こしたらよいのか。生活困窮者支援という新たな事業運営の実際について、自治体は幅広い判断が求められた。

そうした制度運営上の懸念があったなかでも、初年度の相談は約22・6万件にもなり、制度は無事スタートした。生活困窮者自立支援制度については、制度の意義や特徴、制度がめざす支援のあり方などについて紹介した議論（岩間2015、岡部2015、菊池2015、駒村2016）や、制度導入前に実施されたモデル事業での支援事例に基づいた研究（垣田2016）などの先行研究もあるが、実際にデータに基づいて、生活困窮者自立支援制度がどのようにスタートしたのか示された議論は少ないように思われる。

そこで、本章では生活困窮者自立支援制度の利用者の属性、サービスの利用状況、初年度の成果と課題などについて、なるべく統計資料に基づきながら検討を行う。

制度の評価枠組み：支援の5段階

生活困窮者自立支援制度は、経済的な問題だけでなく、社会的な孤立や障害・病気などの複合的な問題を抱えた生活困窮者を対象としており、社会保障制度や地域の社会資源など、他機関へのつなぎなども期待されている。そればかりでなく、生活困窮者支援を通じた地域づくりも目標として掲げられている。

そうした点を踏まえれば、就労面の成果指標のみで、支援状況を評価することは一面的になろう。生活困窮者支援のプロセスや成果の評価のためには、次のような着眼点が必要になる。

第1に、相談経路の検証である。生活困窮者がどのような経路で相談にたどり着いたのか。生活困窮者がアクセスしやすい場所・体制にあるか。自治体の他の部署・関係機関からの紹介を得るための連携は十分かどうか。さらには、支援を求めること自体が難しい生活困窮者のもとに出向くアウトリーチは、実際どの程度可能かなどが論点として考えられる。

第2に、相談受付時の対応の検証である。制度の狭間に落ちないような、包括的な相談受付がなされているかどうか。必要に応じて、一時生活支援や住居確保給付金といった緊急的な支援の提供がなされているかどうか。他機関（たとえば、福祉事務所や社会福祉協議会）へのつなぎが適切になされているか。相談支援の拒否者に対しても、信頼の確保に努めているかなどが論点としてあげられる。

第3に、スクリーニングによる結果の検証である。ここでのスクリーニングとは、プラン策定の前に、改めて自立相談支援機関で対応するか、他機関へつなぐかなどを判断することをいう。相談のなかで問題が落ち着き、情報提供のみで終了する場合もある。その一方で、自立相談支援機関から連絡しても全く連絡がつかなくなってしまうケースもある。スクリーニングの結果、プラン策定や他機関へのつなぎがどの程度なされているかなどが論点として考えられる。

第4に、支援決定・確認の状況の検証である。継続支援が決まると、本人と支援員と協働で、(自立のための支援利用の)プランの策定を行う。ただ本人の生活困窮状況から、プラン策定までなかなか進めない状況もある。また策定されたプランに法に基づく事業が含まれる場合は、自治体がその利用の可否を決定する。[1] 検討すべき点として、こうした支援の提供状況のみならず、支援の中断やモニタリングの実施など、支援過程の確認も必要である。

第5に、プラン評価の結果状況の確認である。支援期間の終了時などに成果の確認を行い、支援の終結、再プラン(支援継続)などを検討する必要がある。終結についても、生活困窮状態が解決し、自立相談機関から完全に自立できるケースと、完全な脱却までは至っていないケースとがあり、そのため終結後のフォローも重要といわれる。

第6に、設置自治体の社会資源の充実度の差については留意が必要である。おのずと社会資源が充実している自治体では、支援の手段も多く、成果をあげやすい。さらに町村部は、都道府県が実施しており、町村との連携も課題になる。

これらの論点を全て検証することはできないが、以下では可能な限りデータに基づいて、生活困窮者の状態像と支援状況を明らかにしたい。

2．支援状況の評価

データ資料について

ここからは支援状況について解説を行うが、まずデータの出所について説明する。図1は支援プロセス別に、生活困窮者自立支援制度の支援状況を捉えたものである。また図2から図5は新規相談時点とプラン策定時点の、生活困窮者の基本属性と抱えている課題を示している。これらの図は、みずほ情報総研株式会社（2016）『生活困窮者自立支援制度の自立相談支援機関における支援実績、対象者像等に関する調査研究事業』の情報を用いて、支援プロセスの流れに合わせて整理し直したものである。

なお、元のデータは、2014年度に生活困窮者自立促進支援モデル事業を実施した119自治体のものである。そのため、全ての実施自治体（福祉事務所設置自治体総数は901）のデータではない。また、期間も制度が導入された2015年4月から12月の8カ月分と限られているが、支援プロセスごとに詳細な情報が入手できるため用いることにする。

相談経路・相談受付

図1から支援プロセスを見てみよう。

2015年4月から12月の119自治体の新規相談受付件数として把握されているのは、約

図1　生活困窮者自立支援制度の状況（2015年4〜12月、119自治体）

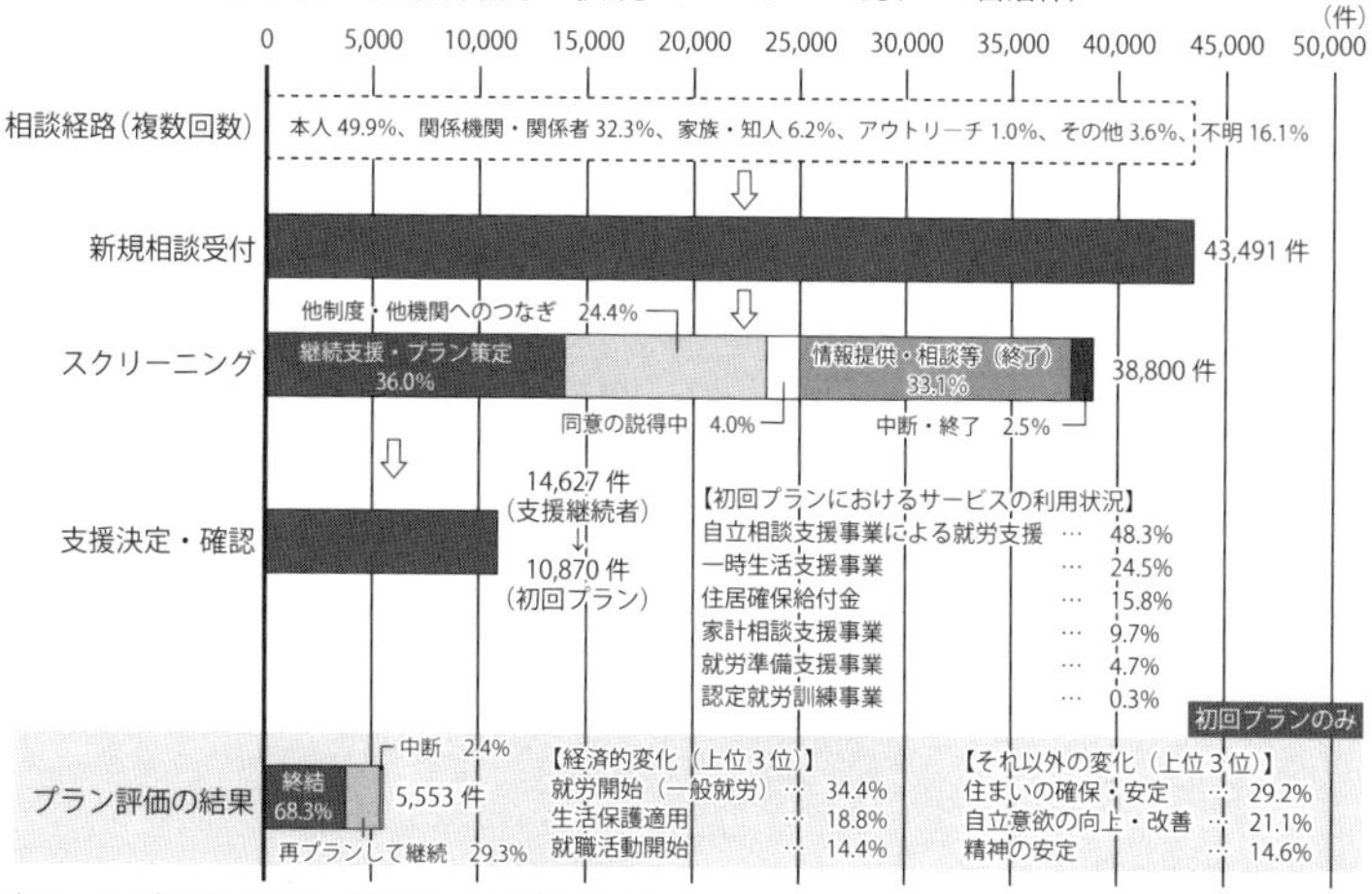

出所：みずほ情報総研（2016）より筆者作成

4・3万件である。これは2015年度の全国の約900自治体の新規相談受付件数の約20%にあたる。

まず相談経路から見てみたい。約4・3万件の相談経路（複数回答）を見てみると、最も多いのが「本人」（「本人自ら連絡（来所）」「本人自ら連絡（電話・メール）」を足し合わせた）で49・9%、次に「関係機関・関係者」（関係機関・関係者からの紹介）が32・3%、「家族・知人」（「家族・知人からの連絡（来所）」「家族・知人からの連絡（電話・メール）」を足し合わせた」）が6・2%と続く。このことから、主な相談経路は、本人の連絡と関係機関・関係者からの紹介であることがわかる。

一方で、期待された「アウトリーチ」（自立相談支援機関がアウトリーチして勧めた）はわずか1・0%である。もちろん制度導入時の手探りの時期であり、さらにはアウトリーチが必要とされる潜在的な生活困窮者がどの程度存在するのかは未知であるため、この数字だけ見て低調であるというようには判断できない。ただ、今後もアウトリーチの積極的な展開に向けて、早期発見につながるような地域のネットワークづくりが求められるだろう。

次に、図2から新規相談者の基本属性を見てみたい。まず性別は「男性」が58・9%、「女性」が39・0%であり、「男性」の方が多い。年齢を見てみると、「30代以下」は25・1%、「40〜50代」は39・9%、「60代以上」は26・6%と若者も中年者も高齢者も一定数いるが、中年者がやや多めであることがわかる。

さらに健康状態を見ると「良くない」(「通院している」と「通院していない」を合算)は38・1%いる。「不明」も31・5%いるため、「良くない」はこれ以上の値である可能性がある。

また就労状況を見てみると、求職・転職活動中あるいはその希望者である、「仕事を探したい/探している(現在無職)」が31・9%、「就労しているが、転職先を探したい/探している」が5・0%いる。こちらも「不明」が29・3%と大きいため、求職者はさらに多い可能性がある。したがって就労支援のニーズも大きいと考えられるが、同時に40〜50代の中年者や健康状態が良くない者が4割近くいるために、就労や収入の増収などの就労系の成果をあげるのには難しさがあるであろう。

図2　新規相談者の基本属性　（2015年4〜12月、119自治体）

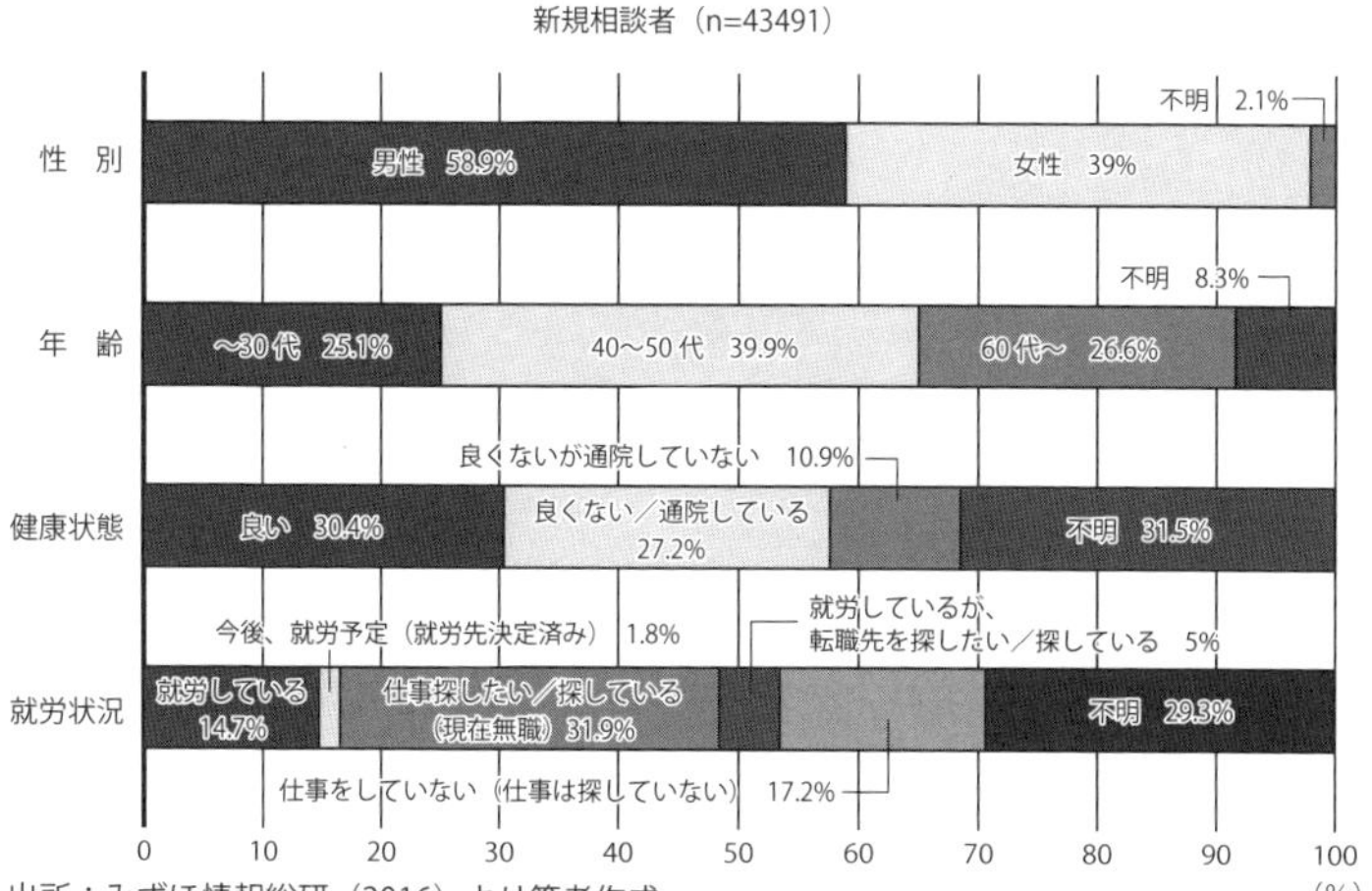

出所：みずほ情報総研（2016）より筆者作成

図3　新規相談者が抱える課題　（2015年4〜12月、119自治体）

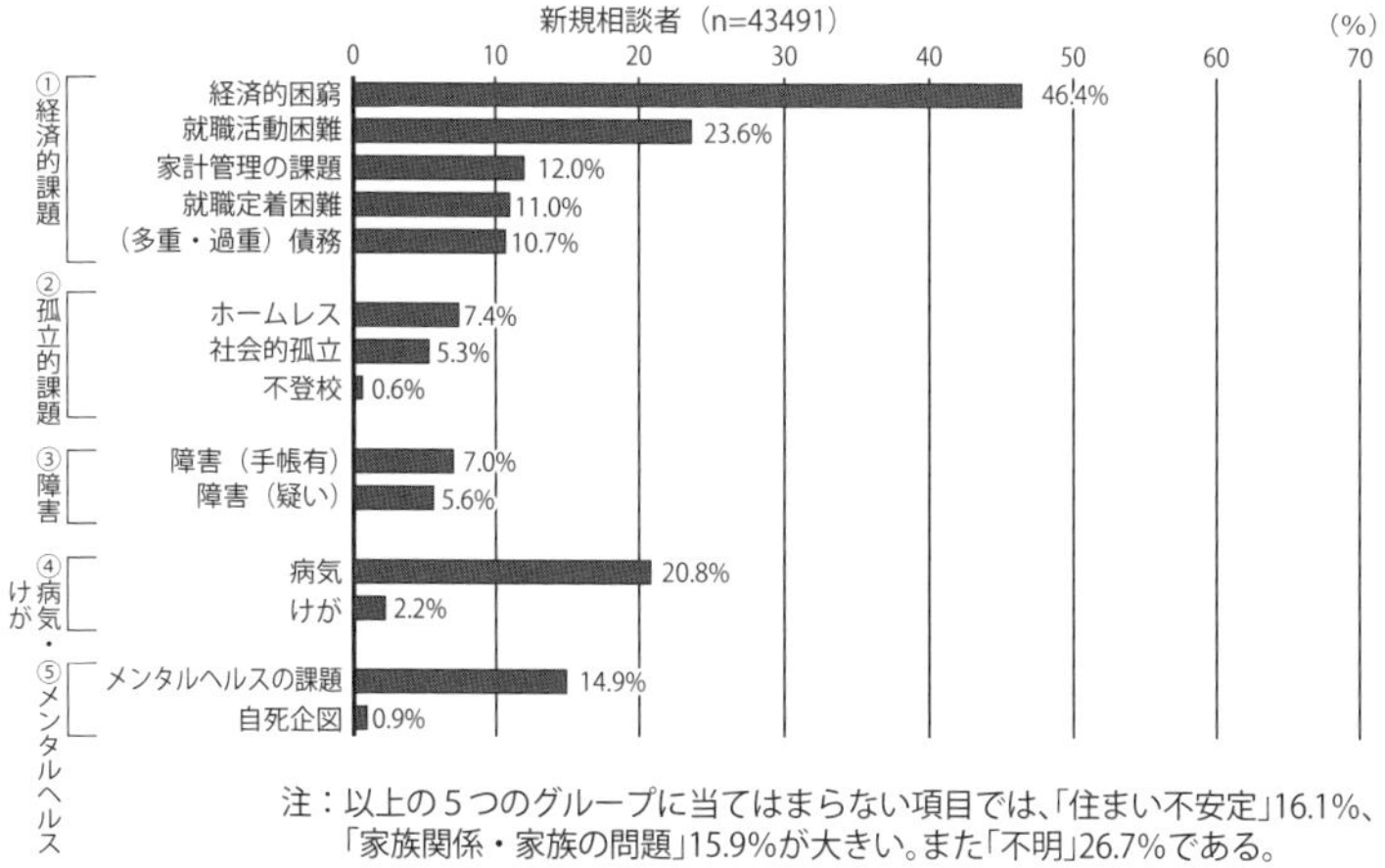

注：以上の５つのグループに当てはまらない項目では、「住まい不安定」16.1%、「家族関係・家族の問題」15.9%が大きい。また「不明」26.7%である。

出所：みずほ情報総研（2016）より筆者作成

そのことは、図3の新規相談者が抱える課題[2]からも明らかである。制度の対象者が経済的困窮者であるため、それが最も大きな課題となっている。それに次いで多いのは「就職活動困難」であり23・6％いる。「病気」も20・8％、「メンタルヘルスの課題」も14・9％と、就労を難しくする課題を抱える生活困窮者がかなりいることが示されている。

スクリーニング

次に、図1（211ページ参照）に戻り、スクリーニングにまで進んだケース約3・9万件について検討する。相談はしてもスクリーニングまで進まない者が10・8％いる。新規相談受付段階では、支援の利用申込まで必要としない情報提供で済むケース、緊急的支援が必要とされるケース、生活保護などへつなぐことが適切と考えられるケースもあり、それらが含まれていると考えられる。

スクリーニング後の状況を見てみたい。スクリーニングによって、「継続支援・プラン策定」するケースが36・0％、「他制度・他機関へのつなぎ」が24・4％、「同意の説得中」が4・0％、「情報提供・相談等（終了）」が33・1％、「中断・終了」が2・5％という結果となった。

プランの策定については、国の目安値にもなかなか届かない現状がある。さらにはスクリーニングにより継続支援となっても、実際にプラン策定まで進めない状況も指摘されている。[3]任意事業を実施している場合や、人口規模に対する配置支援員数が多いほど、またプランに関わる関係機関数が多いほど、プラン策定率が高くなるという報告もあり（厚生労働省2016a）、支援の体制が整っていないとプランの策定に躊躇する傾向があるのではないかと考えられる。

一方、他制度・他機関へのつなぎ先は、本章の利用資料ではわからないが、厚生労働省（2016a）によれば、2016年5月の新規相談件数（1万9009件）のうち、他機関へのつなぎとなったものは27・8％であり、最も多かったのは福祉事務所（生活保護担当部署）で11・4％であった。他機関へのつなぎといった時は、やはり生活保護が最大のつなぎ先となっている。

継続支援・サービスの利用状況

スクリーニング後、支援継続ケースは1万4627件である。そのうち、支援決定・確認となった1万8870件の初回プランを検討する。初回プランのなかに一般就労を目標として掲げている割合は58・6％おり（みずほ情報総研2016）、生活困窮者自立支援制度は、一般就労の可能性のある支援対象者を多く受け止めていることがわかる。

具体的に、図4の支援決定・確認者の基本属性を見てみると、新規相談者と同様に「男性」（67・4％）、「40〜50代」（47・4％）が多い。さらには、健康状態は「良くない」（「通院して

図4　支援決定・確認者の基本属性

（2015年4～12月、119自治体）

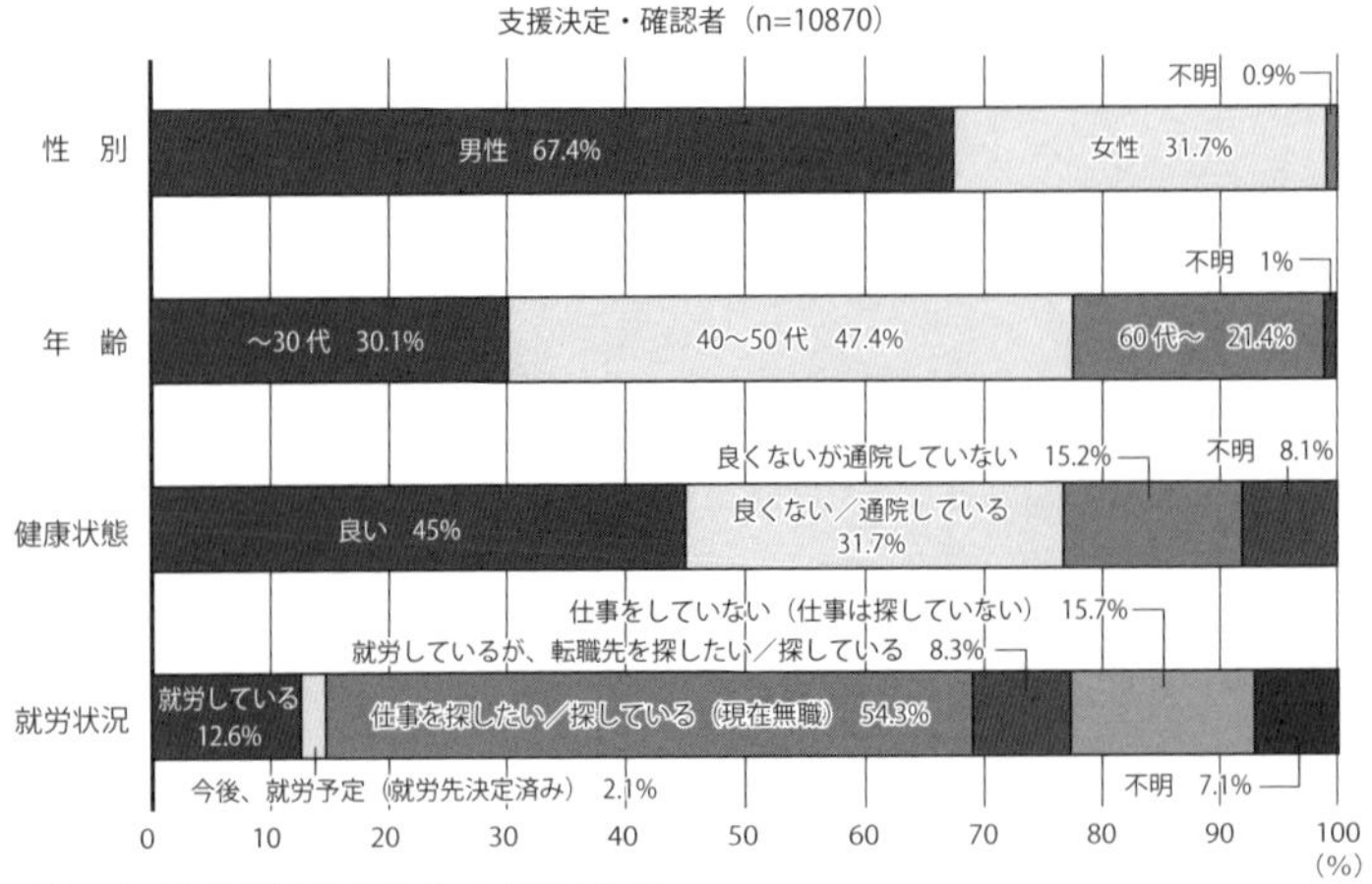

出所：みずほ情報総研（2016）より筆者作成

図5　支援決定・確認者が抱える課題

（2015年4～12月、119自治体）

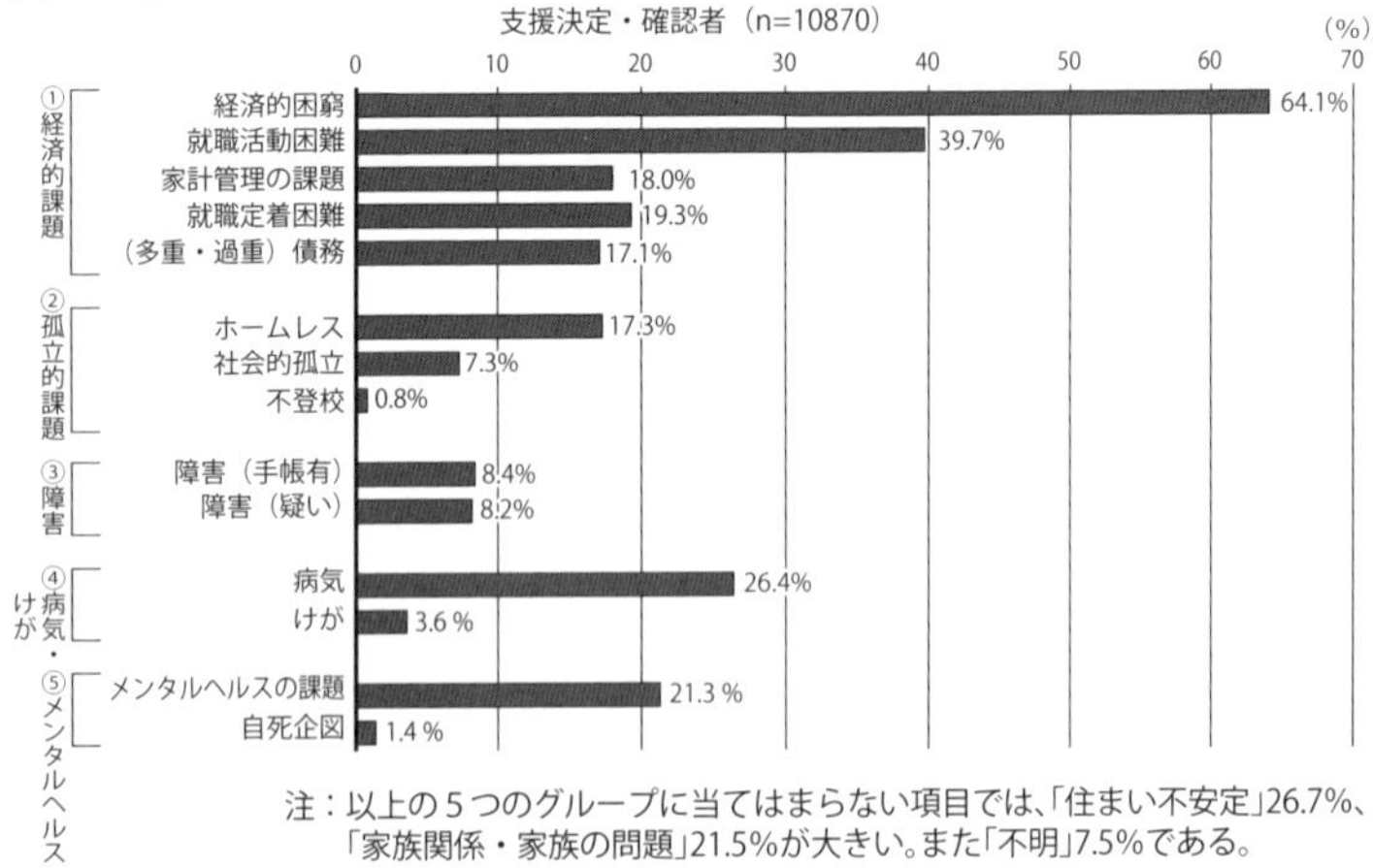

注：以上の５つのグループに当てはまらない項目では、「住まい不安定」26.7%、「家族関係・家族の問題」21.5%が大きい。また「不明」7.5%である。

出所：みずほ情報総研（2016）より筆者作成

いる」と「通院していない」を合算）もおおよそ半数（46・9％）いる。一方で求職・転職活動中やその希望者は新規相談時点よりも多くなっている。たとえば、「仕事を探したい／探している（現在無職）」は過半数（54・3％）にもなる。図5の「支援決定・確認者が抱える課題」を見ても、「就職活動困難」を抱える者が4割（39・7％）ほどもいる。引き続き、「病気」（26・4％）や「メンタルヘルスの課題」（21・3％）といった課題を抱えている者も多いことが示されている。

次に、支援決定者がどのような支援を受けているのか見てみると（図1参照・複数回答）、利用順に、自立相談支援事業における就労支援が48・3％、一時生活支援事業が24・5％、住居確保給付金が15・8％、家計相談支援事業が9・7％、就労準備支援事業が4・7％、認定就労訓練事業が0・3％という利用状況であった。

最も利用されている自立相談支援事業における就労支援は、ハローワークへの同行支援から独自求人開拓まで、本人に合わせた幅広い支援であるが、一般就労を目標とする人を中心に支援しているとされる。この利用実態からも、生活困窮者における、一般就労のための支援のニーズの高さがうかがえる。

次いで、緊急的な支援と考えられている一時生活支援事業や住居確保給付金の利用が続く。これらは従来から利用実態があるものであり、また支援決定者が抱える課題で「住まい不安定」は26・7％にもなり、生活困窮者自立支援制度においても大きな支援のニーズがある。

一方で、生活困窮者自立支援制度における、新規の支援策として導入された家計相談支援事業や就労準備支援事業、認定就労訓練事業の利用割合は高くない。

家計相談支援事業は、生活困窮の実態を「見える化」する機能があり、有効であると考えられているが、一方で本人が利用を希望しないことや、自立相談支援事業のなかで、家計相談についてはある程度実施されることなどから、利用が伸び悩んでいる（厚生労働省2016c）。就労準備支援事業は、直ちに一般就労への移行が困難な生活困窮者に対して自立の段階に応じた支援を行うものであるが、こちらも本人が利用を希望しない点や資産収入要件を満たさないことなどが原因としてあげられている。

認定就労訓練事業については、本人が通える範囲に認定事業所がないなどの課題もあり、十分な利用が進んでいないとされる（厚生労働省2016b）。

特に、就労準備支援事業や認定就労訓練事業においては、連携する地域資源の確保が重要になるであろう。地域の事業所や障害者就業を実施している事業所に対して、一般就労・中間的就労の受け入れを依頼したり、ボランティア団体やNPOなどと連携して就労以外の「居場所」の開拓などを実施したりしている。

しかし、相談支援の「出口」の量的な認識については、「増えているが、ケース数に対してまだ不足している」が40・3%、「増えておらず、ケース数に対して不足している」が48・7%（みずほ情報総研2016）、と合わせて9割近くが不足していると回答しており、連携する地域資源の確保が大きな課題になっている。

プラン評価

最後に、プラン評価の結果である（図1参照）。初回プランで、支援期間が終了し、評価まで進んだのは553件である。プラン評価の結果、支援終結となったのは68・3％、再プランして継続となったのが29・3％、中断が2・4％である。

このことから、多くが予定された支援期間内に支援を終えていることがわかる。期間内の変化を見れば、経済的変化で大きいのは、就労面の成果である就労開始（一般就労）34・4％、就職活動開始14・4％がある。就労開始は3割超もいることになり、就労支援が困難と考えられてきた生活困窮者においても、成果をあげていると評価できるだろう。

一方でプラン策定を行い、支援継続になった者においても、生活保護の適用となるものが18・8％もいることが示されている。ホームレスなどの住居喪失者で、一時生活支援事業の支援を受けた者が生活保護の適用となるケースが多いと考えられるが、それ以外の生活困窮者でも生活保護の適用となっている。生活基盤の立て直しのために生活保護制度を利用することも、支援の選択肢として取られているといえる。

また経済面以外の変化としては、住居確保給付金や一時生活支援事業の成果として住まいの確保・安定があげられている。さらには、自立意欲の向上・改善や精神の安定など、就労面の成果指標では把握されていなかった日常生活自立や、社会生活自立に関わる指標においても成果があがっていることが確認される。

一方、再プランとなるケースが30％程度ある。ただこれは、目標が達成されて次の目標を設定するものか、体調の悪化や支援のミスマッチなどにより目標の見直しが強いられているのか、明らかではない。いずれしても、生活困窮者は自立が困難なケースが多いため、継続的な支援が望まれる。

3．生活困窮者自立支援制度の成果と課題

生活困窮者自立支援制度の利用者とその相談経路：中高年の男性が多い

生活困窮者自立支援制度は、対象者である「生活困窮者」を幅広く捉え、成果である自立も多様（経済的自立、社会生活自立、日常生活自立）であり、さらには事業運営も、任意事業の選択実施など自治体の裁量を広く認めるといった、制度としては弾力的な特徴を持つ。そうであるがゆえに、実際の制度実施を経ないと、生活困窮者自立支援制度はどのように機能するか明らかにならないという面もあった。

そこで本章では、初年度（２０１５年4月から12月）のデータを用いて、生活困窮者の実態像や支援状況の把握を行った。具体的には、相談経路・相談・スクリーニング（プラン策定や

他機関へのつなぎも含む）までの流れ、支援状況、支援の成果（経済的変化とそれ以外の変化）などの把握を行った。

生活困窮者自立支援制度の初年度の状況は、新規相談件数、プラン策定件数、就労対象者数など、全体的な相談支援件数は当初予定していた目安値よりも低調であり、また自治体の任意事業の実施状況も20～30％程度であった。ただし、これは当初目標を高く設定していることもあり、初年度の相談支援件数としては成果をあげていると評価できる。

相談経路は本人からの連絡と関係機関・関係者からの紹介が主であり、地域でのネットワークづくりが引き続き課題になろう。

またスクリーニング後、継続支援・プラン策定するのは36・0％、他制度・他機関へのつなぎは24・4％、情報提供・相談等（終了）が33・1％であった。

実際に支援が決定となった生活困窮者には、男性で中年者が多く、また健康状態も良くなく、抱える課題としては就労活動困難が大きい。

支援状況と成果：就労での成果が中心。家計相談や就労準備の利用は低調

支援状況としても、自立相談事業における就労支援の利用が多い。その一方で、生活困窮者自立支援制度で新たな支援策として位置づけられることとなった、家計相談支援事業や就労準備支援事業、認定就労訓練事業などは実施している自治体も多くはなく、利用は伸び悩んでいる。その背景には本人が希望しないということなどもあり、その支援にはかなりの労力がかかることが想定される。全国的な展開を促す意味でも、家計相談支援事業や就労準備支援事業の成果について、日常生活自立や社会生活自立という観点から積極的に評価する必要がある。なお就労準備支援事業は資産収入要件の影響も報告されており、利用の促進のためにも柔軟な対応が必要になると考えられる。

初回プランの成果としては、経済的変化として、就労開始（一般就労）が34・4％もあり、生活困窮者であっても就労支援がかなり成果をあげていると考えられる。その一方で、支援の過程のなかで生活保護適用がなされているケースも18・8％あり、生活保護の適用も支援の選択肢として利用されていることがわかった。

しかし生活困窮者自立支援制度において、実施自治体の9割近くが相談支援の「出口」が不足していると考えており、それはプラン策定の伸び悩みの根本的な原因になっている可能性がある。自治体での多様な「出口」の構築を支援するためにも、日常生活・社会生活自立に関する成果や中間的就労についての積極的な評価が重要になると考えられる。

第10章　生活困窮者自立支援の将来

話し手：駒村　康平
聞き手：田中聡一郎

1．2018年改正の意義

生活困窮者自立支援制度の実効性を高める

田中　先月（2018年6月）に生活困窮者自立支援法の改正が行われました。この章では今回の改正の意義や今後の行方について、インタビューの形で、おうかがいします。

駒村　今回の改正では、2016年10月から始まった「生活困窮者自立支援のあり方等に関する論点整理のための検討会」、その後の2017年5月からの社会保障審議会「生活困窮者自立支援及び生活保護部会」の委員として議論に参加しました。検討会も審議会も、他の委員の皆様と事務局と協力して報告書をまとめていますから、改革の全体像については報告書を直接見てください。

今日は、創設時から生活困窮者自立支援制度に関わってきた研究者のひとりとして、質問に答えたいと思います。

田中　今回の改正の背景や経緯について教えてください。

駒村　法律の制定時に、生活困窮者制度の3年後の見直しがセットされていたこともありますが、今回の改正については、もう少し広いコンテクストのなかで捉えるべきだと思います。

その一つは、住民主体で地域課題を解決するという、いわばコミュニティ支援の政策が政府内で動き始めているという点です。厚生労働省は「我が事・丸ごと」地域共生社会実現本部を設置して、部局横断的に、住民主体の地域づくりや専門職の複線化などをめざしています。一方、総務省も地方創生や地方自治の観点から、新たな「地域自治組織」を検討しており、同じ方向性のものと理解しています。

もう一つは、これまで日本の社会政策において、不十分であった住宅政策をどのように整備していくのか検討が始まっているということです。2017年10月に住宅セーフティネット法の改正がなされ、住宅確保要配慮者向け賃貸住宅の登録制度が動き始めました。さらに、今回の困窮者法と生活保護法の同時改正では、無料低額宿泊所の今後の方向性を示しています。

田中　生活困窮者自立支援制度自体の改革としては、どのような段階に入っているのでしょうか。

駒村　本書でも書きましたが、民主党時代の生活困窮者への新たな支援策を検討してきた時期（生活支援戦略、「特別部会」における検討期）と、自民党・公明党へ政権交代がなされて、生活保護改正と生活困窮者自立支援法の制定が同時になされた時期（制定期）とでは、制度の目的や対象者が違うように思います。

具体的に言えば、制定期には、生活困窮者を「現に経済的困窮状態」でありながら生活保護を受給していない方々に限定してしまいました。しかし、生活困窮者を低所得者だけに限定することは、せっかくの生活困窮者自立支援の良さや有効性を減じてしまうように思いますし、実際の制度は、特別部会で議論した守備範囲よりも狭くなってしまいました。そこで、改正では生活困窮者を広く定義することで、制度に広がりを持たせられるようになったと思います。

田中　今回の検討では、支援の実績データに基づいて議論されています。また、政策効果や現場での課題も徐々に明らかになってきました。

駒村　そうですね。そのなかでも問題となってきたのは、生活困窮者でありながら、相談窓口にたどり着けない方々の存在、また生活困窮者自立支援制度をうまく使いきれない自治体の存在です。

たとえば、自治体のなかには、「現に経済的困窮状態」で生活保護を受給していない人は地域に存在しないというように、対象者を限定的に見ていたところもありました。そのため、生活困窮者自立支援制度を利用しやすくし、また自治体の積極的な事業展開を支えるためにはどうしたらよいのか、今回の改正は、普及期に入った生活困窮者自立支援制度の実効性の確保が主題だったと思います。加えて、対象者を「現に経済的困窮状態」よりも拡大し、社会的孤立

図1　自立相談支援事業・就労準備支援事業・家計改善支援事業の一体的実施

就労準備支援事業と家計改善支援事業について、自立相談支援事業と併せて一体的実施を促進するため、以下を講ずる。
①就労準備支援事業と家計改善支援事業について、その実施を努力義務とする。
②国は、両事業の適切な推進を図るために必要な指針を策定し、事業実施上の工夫等を図る。
③両事業が効果的かつ効率的に行われている一定の場合には、家計改善事業の補助率を引き上げる（1/2→2/3）
※就労準備支援事業については、生活困窮者の利用促進につながるようなインセンティブを補助の仕組みとして設ける。

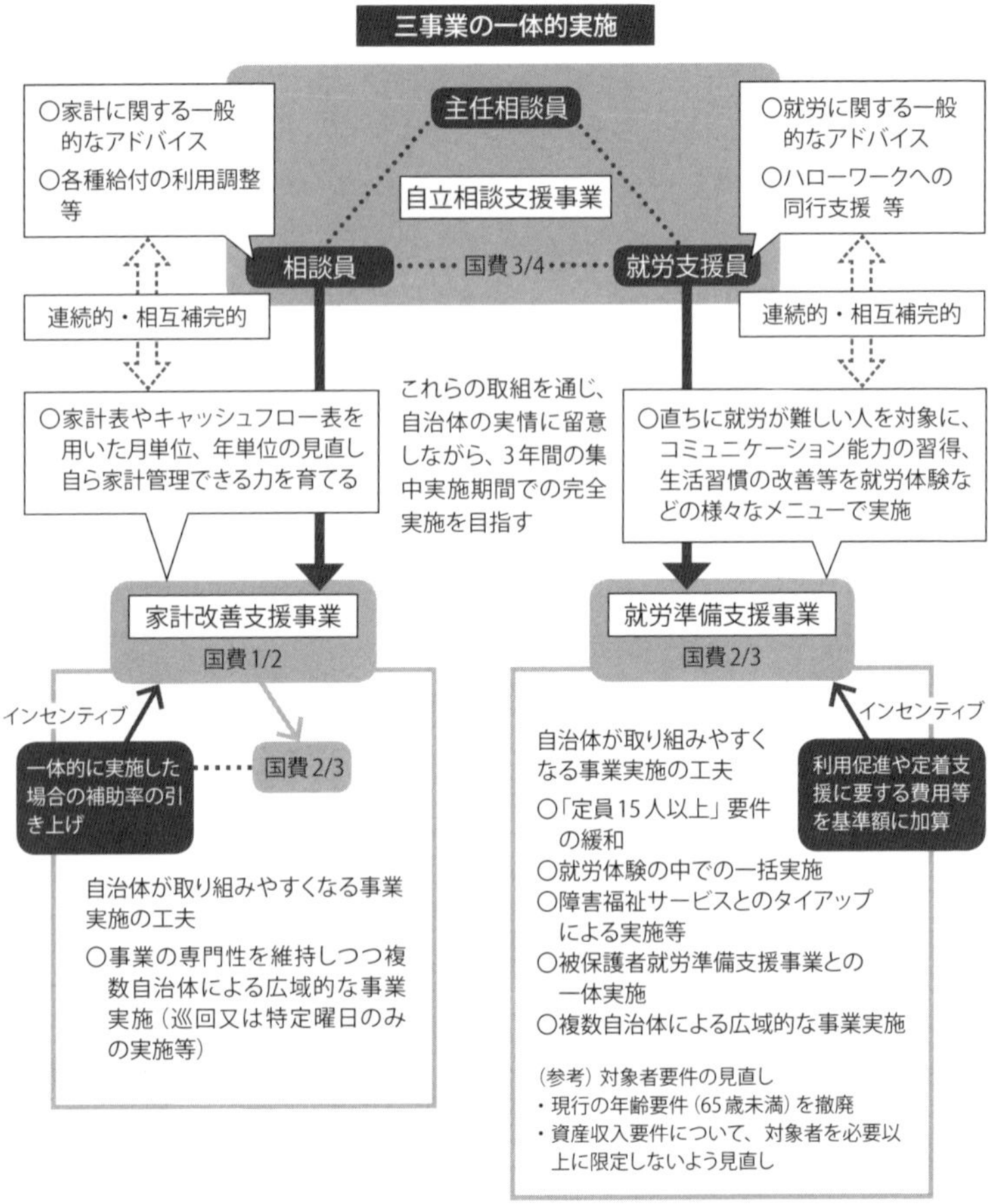

出所：厚生労働省（2018）「生活困窮者等の自立を促進するための生活困窮者自立支援法等の一部を改正する法律案の概要」

URL：https://www.mhlw.go.jp/topics/bukyoku/soumu/houritu/dl/196-06.pdf

状態の人にも、積極的に制度を活用してもらう必要がありました。

包括的な支援体制のために——三事業の一体的実施

駒村　その具体的なポイントは二つあると思います。厚生労働省の図1がありますが、一つは自立相談支援事業・就労準備支援事業・家計改善支援事業の一体的実施です。そして実際、就労準備支援事業と家計改善支援事業は努力義務化されました。

もう一つは、生活困窮者の定義の見直しや情報共有という運用面の変革ですね。一般にはマイナーに思われるかもしれませんが、これまで述べてきたように、私は重要な点と考えています。

田中　家計改善支援事業については、当初、必須化がめざされていました。

駒村　私も、生活困窮の問題把握・支援の手法として、家計相談に期待しています。たとえば、センディル・ムッライナタンとエルダー・シャフィールの「欠乏の行動経済学」(『いつも「時間がない」あなたに』大田直子訳、早川書房)の研究成果が示すように、貧すれば鈍するということもあります。適切な判断を支えるためにも、直面する諸課題を取り除ける家計相談を支援の切り口にすることが重要と考えていました。

しかし今回は、残念ながら必須化が実現できませんでした。その背景には二つの課題があるように思います。一つは家計相談ができる人材確保の問題があり、自治体側にも実施体制上の懸念があったこと。もう一つは生活困窮者自立支援制度をうまく活用できていない自治体が存在し、財源も十分に使いきれていない状況で、新たに必須化に向けた財源を財務当局に要請する時、どうしても説得力が欠けてしまうこともあったように思います。

今回の改正で家計改善支援事業が全国的に広がり、そのノウハウの蓄積や家計相談の手法の確立がなされることによって、必須化につながってほしいと思います。

田中　一方で、就労準備支援事業の利用改善も検討課題になっていました。

駒村　就労経験があまりない方や就職活動の失敗や失業などで自尊感情が乏しい方が、直ちに就労するのが難しいことは当然です。

個人的に可能性を感じているのは、障害福祉サービスとの連携です。たとえば、就労体験の場所の確保が難しいならば、就労継続支援A型[1]の事業所なども、就労経験の第一歩として考えられるかもしれません。もちろん、困窮者が、従来の利用者と一緒に作業することは難しいかもしれませんが、働くことを通じた生活習慣の改善が重要です。

一方で、今回の改正では、「中間的就労」のあり方についての議論は行われませんでした。就労困難者が、就労して自立することは難しいのが当然であると考えれば、中間的就労のように、サポートを受けながら働くことを一つのゴールとして見ることもできるかもしれません。しかしどちらも、ハードルは高いです。

田中　今回、就労準備支援事業の年齢要件（65歳未満）が撤廃されました。

駒村　支援現場で発見されたのが、高齢者への就労支援ニーズでしたね。生活困窮者自立支援制度の支援を拡大するために、これは撤廃しました。

田中　低年金で単身の高齢者が増えているからでしょうか。

駒村　それもあるでしょう。後でお話ししたいと思いますが、鍵になるのは居住支援だと思います。身体能力や認知機能の低下が進んだひとり暮らしの高齢者に対しての支援は、現金給付だけでは解決しません。

全ての相談を受け止め、早期に対応する――理念の明確化と情報共有

田中　もう一つのポイントである生活困窮者の定義規定の変更については？

駒村　定義規定に、「『生活困窮者』とは、就労の状況、心身の状況、地域社会との関係性その他の事情により、現に経済的に困窮し、最低限度の生活を維持することができなくなるおそれのある者」とし、就労や心身の健康、関係性の欠如などの生活困窮の具体的な状況を明記しました（傍線は駒村による）。

田中　この見直しはどういう意味を持つのでしょうか。

駒村　これまでの定義づけでは、ともすれば、生活保護受給一歩前の、困窮状態にならないと支援しないかのように捉えられてしまうおそれがありました。８０５０世帯などといわれますが、80代の親が健在で年金はそれなりにある。しかし50代の子は失業しうつ病になってしま

い、支援なしに復帰するのは難しい。もし生活困窮を所得だけで見れば、貧困ではないために、支援の対象になりません。でも、親が亡くなった後に、完全に孤立した子は生活困窮になるのは明白です。

生活困窮状態は、幅広く生活上のリスクを捉える必要があります。さらに、近い将来まで見据えて捉えた方が効果的な支援を打ち出せます。

生活困窮者自立支援制度は、あらゆる相談を受け止め、貧困リスクにいち早くアプローチすることをめざしています。「現に経済的に困窮し」という部分は残ったままですが、生活困窮の状態を具体的に明記することで、早期の対応の必要性について、関係者の意識が高まり、積極的な支援の展開につながることを期待しています。

田中　生活困窮者は、複合的な要因や支援者がアプローチしにくい家族問題も抱えている可能性があります。できれば、関わる支援者は多様な方がよいですね。

駒村　今回、運営上の改善としては、関係機関の情報共有を行う会議体（支援会議）の設置ができるようになりました。守秘義務を設けながら、滞納者情報やその他個人情報の共有ができるようにもしました。滋賀県の野洲市はこうした関係者間の情報共有に早くから工夫をして、有効な支援ができていました。

困窮者支援と地方自治体

田中　今回の改正で難しかったことは何でしょうか。

駒村　検討過程で問題になったのは、相談件数やプラン策定率など自治体の格差や、町村部での利用促進です。

今回の改正では、自治体が取り組みやすくするため、家計改善支援事業については複数自治体による広域的実施も認め、また一体的実施を行った場合には補助率を引き上げる。また就労準備支援事業についても、同様に定員の要件緩和や広域的実施を認めるなどの改善を行っています。

生活困窮者支援も地方創生の時代の政策です。そのため自治体の自発性に期待せざるをえないのですが、困窮者法の活用を通じて、地域社会の変革に乗り出してほしいと思います。生活困窮者支援は具体的なイメージが持ちにくいものであるために、いつまでも、自治体間で「様子見」になっていないか心配です。

現在、私は毎年開催される「生活困窮者自立支援全国ネットワーク」の大会で、主に自治体の皆さんに先進的な取り組みや課題についての報告をお願いするコーディネーター役を担当しています。様々な自治体や支援者との交流のなかで、生活困窮者自立支援制度について、新しい気づきがあります。

田中　これまでどんなことがテーマになってきたのでしょうか。

駒村　生活困窮者自立支援全国ネットワークは、これまで困窮者支援に関わってきた支援者や行政職員、学識経験者などが一堂に会する研究交流会を開催しています。２０１７年は高知市で開催しました。西宮市、福岡市、川崎市での開催に続いて、第4回大会でした。そこでは、たとえば「『はたらく』ことを支援する地域づくり」、「農業分野は、キャリア形成を応援できるか⁉」、「一人ひとりの尊厳を柱とした包括ケアと生活困窮者支援」など、様々なテーマを分科会形式で検討し、活発な議論がなされています。

田中　積極的な自治体にはどのような特徴があるのでしょうか？

駒村　本書で紹介した埼玉県のアスポート事業もそうですが、やはりトップの首長の困窮者制度に対する理解力、そして現場の支援者の構想力でしょうか。先ほど紹介した滋賀県野洲市、大阪府豊中市、静岡県富士宮市、高知県高知市、北海道釧路市、都道府県では熊本県などが、高いパフォーマンスをあげているのも、現場の人材の理解が大きいです。

田中　都道府県の役割についても、今回明記されました。

駒村　町村部にあまり届いていないので、町村部も自立相談支援を必須化する議論もありました。しかし負担が大きすぎるので、引き続き町村部では、すでに行われている類似・関連施策を活用したり、都道府県が主体となって町村と連携したりすることになりました。そのほか、支援者の研修や市域を超えたネットワークづくり、特に広域の就労支援などです。大阪府なども府下の自治体と連携して、就労支援を拡充しています。

2．生活困窮者支援の未来

居住支援への期待

田中　今回の困窮者法の改正は、生活保護法・社会福祉法と同時改正でした。今回の改正の目玉は何でしょうか。

駒村　新規性という観点からは、単身の生活保護受給者への居住支援だと思います。今回、無料低額宿泊所のあり方とともに議論したことは重要なことでした。

田中　無料低額宿泊所は、施設面・運営面の質でばらつきがあることが指摘されています。

駒村　そうですね。もちろん劣悪な施設環境にある宿泊所などの、貧困ビジネスは駆逐しなくてはなりません。そして住み慣れた地域で、なるべく在宅で暮らしていくことが理想であることは間違いありません。

その一方で、生活保護受給者でひとり暮らしが困難になった時、有料老人ホームは選択できないでしょうし、都市部の特養はどこも満室です。今回の法改正では、事前届出制や設備・運営の最低基準の法定化、改善命令の創設などの無料低額宿泊所の規制強化を行っています。その上で、単独の居住が難しい生活保護受給者に対して、日常生活支援住居施設という仕組みをつくり、その支援を無料低額宿泊所等に委託するという政策を打ち出しました。

田中　現役世代の持ち家率は低下していますし、低年金・無年金者も増えます。将来、高齢の生活保護受給者の住まいの問題はさらに大きくなりますね。

駒村　今回の無料低額宿泊所の改革は、高齢の生活保護受給者への居住支援のあり方の一つだと思います。

しかし私は、もう少し広範な居住支援に期待しています。生活保護受給者だけでなく、居住支援を必要とする生活困窮者は今後も増えると思うからです。

また大きな財源がかかることではありますが、やはり低所得世帯向けの住宅手当（家賃補助）は、粘り強く検討していかなくてはならないと考えています。改正住宅セーフティネット法により、住宅確保要配慮者に、家賃補助として最大月額4万円、保証料として最大年額6万円の補助の実施を始めていますが、より広範な住宅手当へと発展してほしいと思います。

そして現金給付だけでは対応できない、高齢者の見守りや支援などのニーズに対しては、生活困窮者自立支援制度で対応する必要があり、住宅手当と困窮者制度の居住支援の連携が必要であると思います。

田中　新しい社会保障構想のなかで、住宅手当（家賃補助）と居住支援に期待する理由は何でしょうか？

駒村　やはり生活保護制度への圧力軽減があります。昨今、社会保障制度の財政的な持続可能性を高めるために、各制度の給付抑制の議論が行われてますが、そうした改革は結果的に生活保護制度への負荷を高めることになります。

さらに将来を見据える必要もあります。団塊ジュニア世代もすでに40代半ばに突入しており、2040年頃には退職し始めます。団塊ジュニア世代は非正規、未婚が多く、年金保険料の納付実績も良くないと思います。加えて持ち家率も低いので、この世代が退職すると、住まいの確保の問題が大きくなり、社会保障制度が機能しなくなる危険性があると思います。

田中　生活困窮者自立支援制度の将来像については、どのようにお考えでしょうか。

駒村　生活困窮者自立支援制度は、従来の社会福祉とは異なり、支援対象者を低所得者に限定しない形で発展していくことが望ましいでしょう。

現在、私が取り組んでいる研究に「金融老年学（フィナンシャル・ジェロントロジー）」があります。これから増える高齢者は75歳以上ですが、75歳以上になると認知症のリスクが急増します。また、加齢とともに認知機能が低下すれば、財産管理、家計管理が難しくなります。在宅医療、介護が推進されているなかで、訪問した医療関係者が高齢者から財産、家計管理の相談をされることも増えているようです。治療や介護だけではなく、家計管理まで含めたトータルな支援を必要とする高齢者が増えていることに、どのように対応するか、金融老年学の知見を生かす必要が出てきます。

一方、社会保障制度は、人口減少と財政赤字の解消という大きな課題を抱え、歴史的岐路に立っています。人口減少により行政の規模の効率性は期待できず、専門分化も難しくなります。行政規模が縮小するなかでは、行政組織の見直し、専門職の多職化も必要になります。共生社会に向けた地域のヴィジョンや、互助のあり方の検討も必要になっています。生活困窮者自立支援制度は、こうした時代にこそ求められている制度だと思います。

制度創設時から関わってきた者としては、生活困窮者自立支援制度の動向は常に順調であったとは言いがたいです。しかし、支援の現場に関わる多くの方々のおかげで、一歩一歩前に進んでいると思います。

あとがき——生活困窮者自立支援制度充実への期待

編著者を代表して駒村康平

本書の編集・執筆は、編著者らが、2010年から始まった埼玉アスポート事業の開始直後から調査を行い、その先進性に驚いたことから始まる。この調査結果は様々な機会に論文、学会等で公表したが、なかなか全体をとりまとめる機会はなかった。その間に、生活困窮者自立支援制度は成立し、さらに制度改正も行われた。生活困窮者自立支援制度は、「制度」としては定着したが、依然として課題は多く、(1)関係者の「制度への理解」、(2)住民らの「制度への周知」、(3)制度充実、安定化のための「財政的基盤の確保」、(4)対人サービス事業の「担い手の課題」などの問題がある。

(1)「制度への理解」とは、生活困窮者自立支援制度の理念、目標が関係者間で十分理解されず、経済的困窮という狭い問題として認識され、生活保護の代替政策としての理解が払拭されないという点である。本書でも繰り返し説明したように、困窮者制度は、経済的困窮のみならず社会的排除など、経済的困窮につながる可能性のある多様な生活上の課題を解消するための制度である。研究者のなかにも、「困窮問題は相談では解決できない、生活保護のような個別の現金給付こそが重要」という見方も根強くある。しかし、現場の課題をつぶさに見ると、実際に生活上の課題からのストレスが、さらなる問題を発生させているケースも多い。相談はそうしたストレスを除去する最初の入り口で、そこから関連する事業につなげ、課題を解消し、生活環境を整える効果がある。

（2）「制度への周知」は、制度の存在が依然として困窮者本人や地域住民に知られておらず、利用が低迷している地域が少なくない点である。特に町村部では、県との連携が不十分で利用申請へのアクセスが不十分なところも多い。

（3）「財政的基盤の確保」とは、国も地方も厳しい財政制約に直面しており、国も任意事業の補助率引き上げは難しく、地方もそのため任意事業に踏み込めない、あるいは十分な予算を投入できないという点である。

（4）「担い手の問題」とは、生活困窮者自立支援制度の多くの事業が、地域の社会福祉協議会、社会福祉法人、NPO、企業といった民間事業者によって担われ（委託）ている点である。その際に、自治体の姿勢如何では、事業が丸投げされる危険性がある。

さらには（3）とも関わるが、財政的制約が強まるなかで、どうしても自治体が事業者選択において、委託費用が気になり、事業者の能力、事業の質まで評価できなくなる危険性もある。すでに改正前から、学習支援事業への民間学習塾の参入が進んでいる。民間企業の参入自体は問題ではないのだが、埼玉アスポートの取り組みが有効だったのは、学習支援と親《おや》支援が連携していた点である。受託した民間学習塾が、子どもの学習支援のみならず効果的な親支援（家庭訪問）ができているのか疑問である。生活環境の整備にまで関わる親支援には十分な経験、知識が必要であり、民間学習塾等が、塾での学習や家庭教師の派遣ということにとどまると、学習支援と親支援が連携せず分断された形で進み、施策の効果が低下する心配がある。こうした委託事業者の選定は、プロポーザル方式（企画競争入札）もあるが、その評価基準に親支援、親との連携が欠落しているところが少なくない点が気になる。

同じような「質」の問題は、民間派遣企業の参入が目立つ就労支援でも同様である。このため、自治体職員の事業者に対する「目利き能力（評価）」の向上と厚生労働省による施策・事業の評価基準の明確化が急がれる。そして、これらのいずれもが、埼玉県のアスポート事業が経験してきたことであり、アスポート事業は正に生活困窮者自立支援制度のあるべき姿、制度の原点を示している。本書がその参考になれば幸いである。

最後に、どうしても「研究者の難しい論文集」になりがちになるのを防ぎ、本書の作成に寄り添って、出版まで支援いただいた新泉社の内田朋恵さんに感謝したい。

注

第1章

（1）「社会保障審議会生活困窮者の生活支援の在り方に関する特別部会報告書の取りまとめについて」参照。http://www.mhlw.go.jp/stf/shingi/2r98520000002tpzu.html

（2）このような動きは、国の責任の縮小であり、本来、国が行うべき所得保障の拡充を放棄して、行政が行うべきサービスを民間法人や住民組織に押しつけることになるという批判もある。

（3）困窮者を経済的困窮に限定したことによって、むしろ経済的に困窮し、最低限度以下の生活をしている人は、困窮者法ではなく生活保護が救済すべき人ではないかという批判を受けることになった（金子２０１７）。また相談給付などに対する懐疑もあり、むしろ生活保護のような現金給付こそが意味があるという主張もある。

（4）たとえば、困窮者制度は生活保護の受給を妨げる公的な水際作戦になるのではないかという批判を受けた。

（5）２０１３年度の生活扶助基準の検証結果は、社会保障審議会生活保護基準部会（２０１３）『報告書』、２０１８年度の検証結果は、社会保障審議会生活保護基準部会（２０１７）『報告書』を参照せよ。

（6）この消費者物価指数の生活扶助相当ＣＰＩ計算は恣意《しい》的であるという批判がある。

（7）分母は65歳未満の夫婦＋18歳未満の子、分子は30代夫婦＋3～5歳の子あるいは65歳未満の夫婦＋18歳未満の子とされた。

（8）マクロ経済スライドを使って長期的に給付水準（代替率）を下げることとしている年金制度とは異

なる点である。
（9）分布の8千〜9千円に「こぶ」が出来ている。
（10）生活保護受給中の就労収入のうち、収入認定された金額の一定額を仮想的に積み立て、保護廃止に至った時に支給する制度である。
（11）社会保障審議会生活保護基準部会（2015）『報告書』参照。

第3章

（1）リーマンショック後、2009年から「緊急人材育成支援事業」を開始した。その事業のなかの、雇用保険を受給できない求職者が受講できる職業訓練を「基金訓練」と呼んだ。2011年10月からは、「求職者支援制度」へと制度移行した。詳細は第6章を参照のこと。
（2）2012年度から、①企業や事業所で実際に働く「就労体験」、②採用面接を受けるまでに最低限必要なことや、働き始めた後に会社のなかで必要と思われるコミュニケーションのトレーニングを行う「基礎力アップコース」、③必要な技術や技能を身につけられるようなメニューを設定した「技能習得コース」、④資格取得をめざす「資格取得コース」を設けた。
（3）一部、支援開始時点ですでに就労していた支援対象者も含まれており、その者が早い段階で生活保護から抜けている場合が多いと考えられる。
（4）聞き取り調査は、2012年12月14日に実施した。

第4章

（1）厚生労働省（２０１７）『無料低額宿泊事業を行う施設の状況に関する調査結果』（社会保障審議会生活困窮者自立支援及び生活保護部会〈第9回〉参考資料１）

（2）なお、世帯人員が複数人となる場合は、各世帯員の属性の情報は存在するが、世帯主の属性のみの集計を行っている。

（3）２０１１年3月に刊行された「広義のホームレスの可視化と支援策に関する調査報告書」では、ホームレス支援団体や福祉事務所が把握している三障害の手帳取得と障害の疑われる状況が明らかにされている。たとえば精神障害について、支援団体による支援開始前後での手帳取得は２・１％だが、障害の疑いのある者は13・２％となっている。

（4）同報告書の対象とする保護施設等利用者は、住居喪失を伴った貧困問題を抱えた生活保護受給者という点でアスポートの住宅支援利用者と同様の状況である。報告書は、「住居喪失型貧困」の全体像を把握すべく、国勢調査オーダーメイド集計を用いながら、東京都の特別区人事・厚生事務組合の設置する保護施設等利用者の実態と支援の課題を明らかにした。

（5）２０１７年4月に住宅セーフティネット法が改正され、政府も新たな政策を打ち出すようになった。具体的には、民間の空き家などを活用し、住宅確保要配慮者（高齢者、子育て世帯、低所得者など）の入居を拒まない賃貸住宅の登録制度の創設などを行う。

第5章

（1）ただし全国値は、金融広報中央委員会（２０１１）の問1‐1（おこづかいの有無）と問1‐2（金額）の二つの設問から筆者が独自に算出したものである。
（2）ただし、これは本調査の調査対象者が中学校3年生（また調査時期も11月〜3月）の生徒が多いのに対して、ベネッセ学習基本調査の場合は中学2年生が対象となっており、調査時期等が影響している可能性もある。

第6章

（1）福田・喜始・長松（2014）では、福祉・労働政策の変遷の二つの潮流としてワークフェアと呼ばれる「福祉から就労へ」という流れと、雇用政策における自治体の役割拡大の流れをあげている。本稿では、現在展開されている就労支援の方法に自立支援と職業訓練という二つの流れがあることを述べたい。ただし、生活保護等の自立支援では、ハローワークと連携した支援が行われており、雇用保険の被保険者を対象とした職業訓練と福祉の現場における自立支援は、実際に行われる支援内容が重なる部分がある。
（2）2005年の高齢者世帯割合の低下は、高齢者夫婦の妻の年齢が60歳以上から65歳以上へ定義替えが行われたことによる。
（3）この「障害・傷病世帯」の割合の低下のほとんどは傷病世帯の割合の低下によるものである。
（4）勇上ほか（2017）は、その他の世帯と母子世帯の生活保護受給世帯数の伸びは失業率の変動に感応的であり、とりわけリーマンショック以降において顕著であると指摘している。その理由として、これまでケースワーカーによる恣意的な判断とされがちであった保護を受ける際に求められる「稼働能力の活用」の判断が厳密化されたことが考えられる。池谷（2018）によると、2008

年に生活保護手帳に初めて「稼働能力の活用」について具体的に言及され、これまでケースワーカーがしばしば根拠とした、「稼働年齢層である」とか「医師の診断がある」という理由だけで稼働能力があるとは判断されず、より具体的、詳細な検討を要するようになった。また、その後の裁判例からこの通知に基づき就労指導を行った場合でも、稼働能力活用要件を根拠に不利益処分を行うことは事実上難しいことになった。

（5）本節は、金井（2015）を大幅に加筆修正している。

（6）訓練・生活支援給付金の支給要件は訓練受講のほか「失業給付等を受給できないこと」「主たる生計者」「申請時点の個人年収が200万円以下かつ世帯年収が300万円以下」「世帯の金融資産が800万円以下」「現在の住まい以外に土地・建物を所有していないこと」等。

（7）第75回労働政策審議会職業安定分科会雇用保険部会。

（8）たとえば、就職率が基礎分野は45％未満で、実践分野は50％未満で改善計画の提出が求められる。就職率が基礎分野30％未満、実践分野35％未満で受託不可となる（富田2013）。

（9）基金訓練は、①職業横断的スキル習得訓練コース（3カ月）と②新規成長・雇用吸収分野等訓練コース③社会的事業者等訓練コースに分かれていた。職業横断的スキル習得訓練コース（3カ月）は、基本的なITスキルが不十分な者を対象とした訓練である。社会的事業者等訓練コースには合宿型若者自立支援プログラムなどが組み込まれていたが、これは事業仕分けによって基金訓練事業となった。全てのコースに職場体験が組み込まれている。

（10）ただし、正社員就職率には女性比率は影響が見られないという。

（11）目安値・経済・財政再生計画改革工程表KPIを参照。

（12）就労・増収率のＫＰＩは、２０１６年度に見直しを実施。
（13）厚生労働省職業能力開発局が２０１０年４月にまとめた「基金訓練受講者アンケート」によると、男性49・７％、女性49・８％であった。

第7章

（１）この措置は、先述の通知に「直ちに居宅生活を送ることが困難な者について」保護施設や無低、「養護老人ホームや各種障害者福祉施設等への入所を検討すること」とあることによると考えられる。
（２）以下、障害者の記述については、古山（２０１４）を参照した。この論文は、知的障害者に焦点をあてて書かれたものだが、障害者全体の施策を踏まえた内容である。
（３）稲葉剛氏（立教大学大学院特任准教授、一般社団法人つくろい東京ファンド代表理事）による「住宅セーフティネット法改正案は『住まいの貧困』解決の切り札となるのか？」（ＨＵＦＦＰＯＳＴ２０１７年３月12日更新。https://www.huffingtonpost.jp/tsuyoshi-inaba/house-safety-net_b_15288440.html）。
（４）家賃補助にとどまらず普遍的な住宅手当を望みたい（岩永２０１７）。

第8章

（１）貧困率の乖離の要因については、内閣府・総務省・厚生労働省（２０１５）で検討されているので、参照されたい。
（２）学習支援は、本文で取り上げた生活保護世帯を含む生活困窮世帯の子どもへの支援以外にも、２０

15年から地域未来塾（文部科学省所管）が、学習が遅れがちな中学生・高校生を対象に自習形式を基本とする学習支援を実施し、2016年からは子どもの生活・学習支援事業（厚生労働省所管：母子家庭等対策総合支援事業）が、ひとり親世帯の子どもを対象に放課後児童クラブ後に、学習支援や食事の提供などを実施している。

（3）子どもの貧困に関する指標として25指標（たとえば、生活保護世帯の子どもの高等学校等進学率、スクールソーシャルワーカーの配置人数、ひとり親家庭の親の就業率、子どもの貧困率など）が掲げられているが、これらについての具体的な数値目標は盛り込まれなかった。

（4）本章執筆後、生活保護法の改正と運用の改善により、生活保護世帯の大学進学支援として、①進学時の一時給付金（進学準備給付金：自宅通学10万円、自宅外通学30万円）の支給と、②大学就学中に住宅扶助を減額しない措置を講じることとなった（生活保護受給世帯内の子どもが大学進学することを原則認めていないため、大学に進学する場合は、子どもの同居を認めつつも、子どもの生活保護費を減額する方法がとられている＝世帯分離といわれる）。新生活の立ち上げ費用として支給される進学準備給付金では入学金・授業料は埋めることはできず、世帯分離は維持されており生活扶助の分は減額されるため、進学支援としては不十分という批判もある。

（5）2018年の生活困窮者自立支援法の改正で、学習支援事業は、従来の学習面の支援に加え、生活面の支援を行う「子どもの学習・生活支援事業」として強化されることになった。

第9章

（1）支援決定が必要な法に基づく事業は、住居確保給付金、就労準備支援事業、認定就労訓練事業、一時生活支援事業、家計相談支援事業である。

（2）本稿で用いているみずほ情報総研株式会社（2016）の資料では、生活困窮者が抱える28の課題を列挙している。ただそれでは解釈することが難しいために、同報告書は代表的な課題について5つのグループにまとめている。具体的には、①経済的課題：経済的困窮、（多重・過重）債務、家計管理の課題、就職活動困難、就職定着困難、②孤立的課題：ホームレス、社会的孤立（ニート・ひきこもりなどを含む）、不登校、③障害：障害（手帳有）、障害（疑い）、④病気・けが、⑤メンタルヘルス：自死企図、その他メンタルヘルスの課題（うつ・不眠・不安・依存症・適応障害など）にまとめている。

（3）厚生労働省（2016a）によれば、スクリーニング段階で約35%が継続支援しプラン策定することになっているが、全国のプラン策定率が25%であり、プランを作成しようとしてもできていない実態がうかがえるとしている。

第10章

（1）就労継続支援A型事業（所）とは、障害により通常の事業所に雇用されることが困難であるものの、雇用契約に基づく就労が可能な労働者に対して、就労の機会の提供および生産活動の機会の提供、その他の就労に必要な知識および能力の向上のために必要な訓練等の支援を行う事業（所）である。

※ウェブサイトのURLは、二〇一九年三月二〇日現在のものである。

参考文献・データ・資料

第1章

金子充（２０１７）『入門 貧困論――ささえあう／たすけあう社会をつくるために』明石書店

Ravallion, M. (2016). The Economics of Poverty: History, Measurement, and Policy. Oxford University Press.

社会保障審議会（２０１３）「生活困窮者の生活支援の在り方に関する特別部会報告書」

社会保障審議会生活保護基準部会（２０１５、２０１７）「社会保障審議会生活保護基準部会報告書」

第2章

一般社団法人北海道総合研究調査会（２０１７）「生活困窮者自立支援制度の円滑な運用に向けた都道府県のあり方に関する調査研究報告書」

埼玉県アスポート編集委員会編（２０１２）『生活保護２００万人時代の処方箋――埼玉県の挑戦――』ぎょうせい

みずほ情報総研（２０１７）『生活困窮者自立相談支援事業における都道府県研修実施のための手引：厚生労働省』

道中隆（２００７）「保護受給層の貧困の様相――保護受給世帯における貧困の固定化と世代的連鎖」『生活経済政策』１２７

厚生労働省「人口動態統計」

国立社会保障・人口問題研究所「日本の将来推計人口（２０１２年1月推計）」（出生中位・死亡中位）

総務省「国勢調査」

第３章

金井郁・四方理人（２０１３）「生活保護受給者への就労支援の分析」『社会政策』５（２）
埼玉県アスポート編集委員会編（２０１２）『生活保護２００万人時代の処方箋――埼玉県の挑戦――』ぎょうせい
四方理人（２０１３）「生活保護と就職困難者――埼玉県『生活保護受給者チャレンジ支援事業』のデータ分析」埋橋孝文編『福祉＋α　生活保護』ミネルヴァ書房
武島裕（２０１０）「生活保護受給者チャレンジ支援事業――つなげる力が社会を変える」『週刊社会保障』２５９７
中囿桐代（２００６）「生活保護受給母子世帯と『自立』支援――釧路市〈調査〉を事例として――」『賃金と社会保障』１４２６
布川日佐史編（２００６）『生活保護自立支援プログラムの活用①』山吹書店
布川日佐史（２００７）「生活保護改革論議と自立支援、ワークフェア」埋橋孝文編『ワークフェア――排除から包摂へ?』法律文化社
布川日佐史（２０１０）「低所得者への就労支援」朝日雅也・布川日佐史編『就労支援』ミネルヴァ書房

第４章

岩永理恵・四方理人（２０１３）「住宅支援を利用する生活保護受給者からみる無料低額宿泊所問題の検

討」『社会政策』５（２）
埼玉県アスポート編集委員会編（２０１２）『生活保護２００万人時代の処方箋――埼玉県の挑戦――』ぎょうせい
日本女子大学現代女性キャリア研究所（受託研究代表者岩田正美）『「生活保護施設等利用者の実態と支援」に関する研究――最終報告――』２０１０年6月30日

第5章

大山典宏（２０１１）「教育支援員事業から見えてきた課題」『権利擁護・虐待防止白書２０１１』全国社会福祉協議会政策企画部編
五島萌子（２０１１）「『埼玉県生活保護受給者チャレンジ支援事業』教育支援員事業――貧困の連鎖を断つ取り組み」『住民と自治』５７８
駒村康平・道中隆・丸山桂（２０１１）「被保護母子世帯における貧困の世代間連鎖と生活上の問題」『三田学会雑誌』１０３（４）
埼玉県アスポート編集委員会編（２０１２）『生活保護２００万人時代の処方箋――埼玉県の挑戦――』ぎょうせい
白鳥勲（２０１２）「埼玉県における生活保護世帯の中学生を対象とした教育支援事業について」『消費者法ニュース』90
武島裕（２０１０）「生活保護受給者チャレンジ支援事業」『週刊社会保障』２５９７
田中聡一郎（２０１３）「生活保護受給世帯の中学生の学習・生活実態と教育支援」『社会政策』５（２）

Benesse 教育研究開発センター（２００７）「第４回学習基本調査・国内調査報告書　中学生版」
Benesse 教育研究開発センター（２０１０）「第２回子ども生活実態基本調査報告書」
道中隆（２００９）『生活保護と日本型ワーキングプア』ミネルヴァ書房
金融広報中央委員会（２０１１）「平成22年度子どものくらしとお金に関する調査（第２回）」（中学生）
文部科学省（２０１１）「平成22年度全国学力・学習状況調査」　国立教育政策研究所ＨＰ

第6章

池谷秀登（２０１８）「生活保護自立支援プログラム導入時の議論と到達点：三つの自立が生活保護行政に与えた影響」『大原社会問題研究所雑誌』７１７号
埋橋孝文（２０１１）『福祉政策の国際動向と日本の選択：ポスト「三つの世界」論』法律文化社
大木栄一（２０１７）「『基金訓練』から『求職者支援訓練』への移行――どのような変化が起きたのか」『玉川大学経営学部紀要』27
岡部卓（２００７）「シンポジウムの趣旨と全体動向」（池谷秀登・布川日佐史・大川昭博・岡部卓「〈シンポジウム〉自立支援プログラムの現状と今後の課題――生きる力、社会的つながり、やりがいを感じる自立を目指して」）『賃金と社会保障』１４５６
金井郁（２０１５）「雇用保険の適用拡大と求職者支援制度の創設」『日本労働研究雑誌』６５９号
小林勇人（２０１０）「カリフォルニア州の福祉改革――ワークフェアの二つのモデルの競合と帰結」渋谷博史・中浜隆編『アメリカ・モデル福祉国家Ｉ――競争への補助階段』昭和堂
塩田晃司（２０１１）「求職者支援制度の創設に向けて――職業訓練の実施等による特定求職者の就職の支

援に関する法律案」『立法と調査』３１５
四方理人・田中聡一郎（２０１１）「生活保護受給世帯のストック・フロー分析」『三田学会雑誌』１０３
（４）
周燕飛（２０１４）『母子世帯のワーク・ライフと経済的自立』労働政策研究・研修機構
田中聡一郎（２０１７）「生活困窮者自立支援制度はどのようにスタートしたか？――実施初年度の支援状
況と課題」『社会保障研究』１（４）
筒井美紀・長松奈美江・櫻井純理（２０１４）「『就労支援の意味』を問うことの意味」筒井美紀・櫻井純
理・本田由紀編『就労支援を問い直す――自治体と地域の取り組み』勁草書房
冨江直子（２０１０）「最低生活保障の理念を問う」駒村康平編『最低所得保障』岩波書店
富田義典（２０１３）「求職者支援制度の政策的意義について」『佐賀大学経済論集』45（５）
濱口桂一郎（２０１１）「求職者支援制度の成立」『季刊労働法』２３５
布川日佐史（２００７）「生活保護改革論議と自立支援、ワークフェア」埋橋孝文編『ワークフェア――排
除から包摂へ?』法律文化社
布川日佐史（２０１４）「生活保護改革と生活困窮者自立支援法創設」『貧困研究』12
福田志織・喜始照宣・長松奈美江（２０１４）「国の福祉政策・労働政策の変遷」筒井美紀・櫻井純理・
本田由紀編『就労支援を問い直す――自治体と地域の取り組み』勁草書房
丸谷浩介（２０１１）「職業訓練の実施等による特定求職者の就職の支援に関する法律」『ジュリスト』１
４３０
みずほ情報総研（２０１７）『生活困窮者自立支援制度の自立相談支援機関における支援実績の分析によ

る支援手法向上に向けた調査研究事業　報告書』
山田壮志郎（２００９）『ホームレス支援における就労と福祉』明石書店
勇上和史、田中喜行、森本敦志（２０１７）「貧困問題と生活保護政策」川口大司編『日本の労働市場――経済学者の視点』有斐閣
労働政策研究・研修機構（２０１４）『求職者支援制度に関する調査研究――訓練実施機関についての調査・分析――』労働政策研究報告書１６３
厚生労働省（２０１５）「生活困窮者自立支援制度について」
厚生労働省（２０１７ａ）「求職者支援制度の実施状況について」職業安定分科会雇用保険部会（第１２５回）資料３
厚生労働省（２０１７ｂ）「生活困窮者自立支援法の施行状況」社会保障審議会生活困窮者自立支援及び生活保護部会（第１回）資料３
厚生労働省（２０１８）「公共職業安定所（ハローワーク）の主な取組と実績」
総務省統計局「労働力調査」

第７章

稲葉剛（２００９）『ハウジングプア――「住まいの貧困」と向きあう』山吹書店
岩永理恵（２０１７）「『非日常』と『日常』をつなぐ普遍的な住宅政策を――東日本大震災、阪神・淡路大震災、生活保護から考える」『世界』８９７
岩永理恵（２０１８）「書評　山田壮志郎『無料低額宿泊所の研究：貧困ビジネスから社会福祉事業へ』明

石書店（２０１６）」『社会政策』９（３）
岩永理恵（近刊、２０１９年予定）「変動する住宅政策・生活困窮者対策における住宅支援」『社会福祉』58
岩間伸之（２０１６）「生活困窮者自立支援制度における居住支援のあり方と今後の課題――地域を基盤としたソーシャルワークとの接点から」『居住福祉研究』22
岡部真智子・児玉善郎（２０１４）「８１５３低所得高齢者の住宅喪失要因：埼玉県住宅ソーシャルワーカー事業を利用したケースの分析を通して」『学術講演梗概集　２０１４（建築社会システム）』
小川卓也（２０１０ａ）「無料低額宿泊所からみえる『生活困窮者問題の現状』」第15回定例貧困研究会報告資料
小川卓也（２０１０ｂ）「無料低額宿泊所の現実――行き場のない人を支える最後のセーフティネット」『都市問題』１０１（７）
高齢者住宅財団（２０１７ａ）「生活困窮者の賃貸住宅居住支援にかかる具体的な方策の普及に向けた検討事業　報告書」
高齢者住宅財団（２０１７ｂ）「低所得・低資産高齢者の住まいと生活支援の効果的な対応方策に関する調査研究事業報告書」
古山周太郎（２０１４）「知的障害者に関する居住支援、住宅施策の現状と課題、今後の展望」『発達障害研究』36（４）
白川泰之（２０１４）『空き家と生活支援でつくる「地域善隣事業」――「住まい」と連動した地域包括ケア』中央法規出版

鈴木孝典（2013）「精神障害者の居住支援とソーシャルワーク」『ソーシャルワーク研究』39（3）
滝脇憲（2017）「居住・生活支援による住まい・まちづくりをどのように支えるか？――高齢者・生活困窮者の住宅確保と地域包括ケア連携への取組み」五石敬路・岩間伸之・西岡正次・有田朗編『生活困窮者支援で社会を変える』法律文化社
特定非営利活動法人ホームレス支援全国ネットワーク・広義のホームレスの実態と支援策に関する調査検討委員会（2011）「広義ホームレスの可視化と支援策に関する調査報告書」
ハウジング・ファースト研究会（2013）『東京都ホームレス地域生活移行支援事業2004－2009 ～自立支援と結合したハウジング・ファースト・アプローチに着目した分析～』
平山洋介（2009）『住宅政策のどこが問題か――〈持家社会〉の次を展望する』光文社新書
藤田孝典（2009）「宿泊所依存を見直し居宅保護の推進と社会資源の創造を求めて」『賃金と社会保障』1503
元田宏樹（2010）「無料低額宿泊所の実態と利用者支援機能のあり方について」『社会福祉士』17
水内俊雄（2015）「ホームレス支援における届出なしのケア付支援住宅の現状」日本居住福祉学会・大阪市立大学都市研究プラザ編『居住福祉を切り拓く居住支援の実践』大阪公立大学共同出版会、OMUPブックレット52（URP「先端的都市研究」シリーズ2）
山田壮志郎（2009）「無料低額宿泊所問題について」「無料低額宿泊施設のあり方に関する検討チーム第2回資料（2009年11月19日）」『賃金と社会保障』1507
山田壮志郎ほか（2012）「無料低額宿泊所および法的位置づけのない施設に関する厚生労働省調査」『貧困研究』8

山田壮志郎・村上英吾（2012）「無料低額宿泊所および法的位置づけのない施設に関する厚生労働省調査」『貧困研究』8
山田壮志郎（2016）『無料低額宿泊所の研究――貧困ビジネスから社会福祉事業へ』明石書店

第8章

阿部彩（2008）『子どもの貧困』岩波書店
阿部彩（2014）『子どもの貧困2』岩波書店
駒村康平・道中隆・丸山桂（2011）「被保護母子世帯における貧困の世代間連鎖と生活上の問題」『三田学会雑誌』103（4）
桜井啓太（2018）「生活保護世帯の子どもの大学等進学を考える――堺市実態調査から」『賃金と社会保障』1697
道中隆（2009）『生活保護と日本型ワーキングプア』ミネルヴァ書房
湯澤直美（2015）「子どもの貧困対策と生活困窮者支援」『都市問題』106（8）
厚生労働省（2016）「第25回社会保障審議会生活保護基準部会資料1」
厚生労働省（2017）「平成28年度生活困窮者自立支援制度の実施状況調査集計結果」
厚生労働省（2017）「生活困窮者自立支援法の施行状況」社会保障審議会生活困窮者自立支援及び生活保護部会（第1回）資料3
内閣府・総務省・厚生労働省（2015）「相対的貧困率等に関する調査分析結果について」
文部科学省（2010）『平成21年度文部科学白書』佐伯印刷

文部科学省（２０１４）「学生の中途退学や休学等の状況について」

第9章

岩間伸之（２０１５）「生活困窮者自立相談支援事業の理念とこれからの課題――地域に新しい相談支援のかたちを創造する」『都市問題』１０６（８）
岡部卓（２０１５）「生活困窮者自立支援制度をどうみるか――事業の観点から」『都市問題』１０６（８）
奥田知志・稲月正・垣田裕介・堤圭史郎（２０１４）『生活困窮者への伴走型支援：経済的困窮と社会的孤立に対応するトータルサポート』明石書店
垣田裕介（２０１６）「社会政策における生活困窮者支援と地方自治体」『社会政策』７（３）
菊池馨実（２０１５）「生活困窮者支援と社会保障：貧困・生活困窮者法制の展開と生活困窮者自立支援法」『社会福祉研究』（１２４）（10）
熊木正人（２０１５）「生活困窮者自立支援制度はなぜ創設されたのか」『月刊福祉』98（9）
駒村康平（２０１６）「現代社会における生活困窮者自立支援制度の役割と意義」『自治実務セミナー』６４６（04）
田中聡一郎（２０１７）「生活困窮者自立支援制度はどのようにスタートしたか？」『社会保障研究』１（４）
本後健（２０１６）「『生活困窮者自立支援制度』をどのように活用するか」『自治実務セミナー』６４６（04）
みずほ情報総研（２０１６）『生活困窮者自立支援制度の自立相談支援機関における支援実績、対象者像等に関する調査研究事業』
厚生労働省（２０１５）「自立相談支援事業の手引き」
厚生労働省（２０１６ａ）「生活困窮者自立支援法の施行状況」生活困窮者自立支援のあり方等に関する論点整理のための検討会（第1回）資料3
厚生労働省（２０１６ｂ）「自立相談支援事業・就労支援のあり方について」生活困窮者自立支援のあり方等に関する論点整理のための検討会（第2回）資料2
厚生労働省（２０１６ｃ）「各支援策のあり方について（家計相談支援事業、貧困の連鎖防止、住宅確保給付金、一時生活支援事業）」生活困窮者自立支援のあり方等に関する論点整理のための検討会（第3回）資料2

初出論文一覧

本書は、生活困窮者支援の展開をデータに基づきながら振り返り、日本社会において、生活困窮者自立支援制度が導入された意義と将来の展望を明らかにしてきた。各章は以下のこれまでの論文をベースに執筆されているが、書籍という公刊のかたちにあわせて、平易な表現に書き換えを行い、また図表についても精選するなど改訂作業を行っている。

第1章：書き下ろし
第2章：書き下ろし
第3章：金井郁・四方理人（2013）「生活保護受給者への就労支援の分析」『社会政策』5（2）
第4章：岩永理恵・四方理人（2013）「住宅支援を利用する生活保護受給者からみる無料低額宿泊所問題の検討」『社会政策』5（2）
第5章：田中聡一郎（2013）「生活保護受給世帯の中学生の学習・生活実態と教育支援」『社会政策』5（2）
第6章：金井郁（2015）「雇用保険の適用拡大と求職者支援制度の創設」『日本労働研究雑誌』659
第7章：岩永理恵（近刊、2019年予定）「変動する住宅政策・生活困窮者対策における住宅支援」『社会福祉』58
第8章：書き下ろし
第9章：田中聡一郎（2017）「生活困窮者自立支援制度はどのようにスタートしたか？」『社会保障研究』1（4）

第10章：書き下ろし

またこれらの論文の執筆に当たっては、厚生労働科学研究費補助金「低所得者、生活困窮者の実態把握及び支援策の在り方に対する調査研究」（研究代表者：駒村康平）、ＪＳＰＳ科研費（２６５１２０１６）「生活保護世帯への就労支援と教育支援の効果についての研究」（研究代表者：四方理人）の助成を受けた。記して感謝を申し上げます。

執筆者紹介

駒村康平（こまむら こうへい）　編・第１章・第10章
慶應義塾大学経済学部教授。1964年生まれ。慶應義塾大学大学院博士課程単位取得退学。博士(経済学)。国立社会保障・人口問題研究所、駿河台大学経済学部助教授、東洋大学経済学部教授などを経て、2007年から現職。厚生労働省顧問、社会保障審議会委員(年金部会、年金数理部会、生活保護基準部会部会長、障害者部会部会長、生活困窮者自立支援及び生活保護部会部会長代理、人口部会)、金融審議会委員、社会保障制度改革国民会議委員など。
著書に『日本の年金』(岩波書店)、『中間層消滅』(角川新書)、近著に駒村康平編著『貧困(福祉＋α)』(ミネルヴァ書房)など多数。

田中聡一郎（たなか そういちろう）　編・第５章・第８章・第９章・第10章
関東学院大学経済学部准教授。1979年生まれ。慶應義塾大学大学院博士課程単位取得退学。修士(経済学)。立教大学経済学部助教、関東学院大学経済学部専任講師を経て、2019年から現職。近著に菅沼隆、土田武史、岩永理恵、田中聡一郎編『戦後社会保障の証言－厚生官僚120時間オーラルヒストリー』(有斐閣)。

岩永理恵（いわなが りえ）　第４章・第７章
日本女子大学人間社会学部准教授。1977年生まれ。東京都立大学大学院博士課程修了。博士(社会福祉学)。神奈川県立保健福祉大学講師を経て、2015年から現職。
近著に岩永理恵、卯月由佳、木下武徳著『生活保護と貧困対策――その可能性と未来を拓く』(有斐閣)がある。

四方理人（しかた まさと）　第３章・第４章・第６章
関西学院大学総合政策学部准教授。1978年生まれ。慶應義塾大学大学院博士課程単位取得退学。博士(経済学)。2013年から関西学院大学総合政策学部専任講師、2015年から現職。
近著に四方理人、宮崎雅人、田中聡一郎編著『収縮経済下の公共政策』(慶應義塾大学出版会)がある。

金井郁（かない かおる）　第３章・第６章
埼玉大学大学院人文社会科学研究科准教授。1977年生まれ。東京大学大学院博士後期課程単位取得退学。博士(国際協力学)。東京大学社会科学研究所特任研究員を経て、2009年から埼玉大学経済学部専任講師、2011年から現職。

なお、第２章は埼玉県福祉部社会福祉課が執筆した。

検証・新しいセーフティネット
――生活困窮者自立支援制度と埼玉県アスポート事業の挑戦

2019年4月25日　第1版第1刷発行

編　者　駒村康平／田中聡一郎

発　所　株式会社 新泉社
東京都文京区本郷 2-5-12
TEL 03-3815-1662　FAX 03-3815-1422

印刷・製本　株式会社 太平印刷社

ISBN 978-4-7877-1907-2　C0036